停止打分數

激發內在動機，避免懲罰陷阱，養成自我認知……
別再陷入教育誤區，放下對孩子表現的執念，找回身為家長的意義

孩子的人生
不是家長的考卷

鄭若晴 著

◎你不是不夠愛孩子，只是用錯了方式
◎陪伴不是盯著看，是看見情緒與需求
◎在抓緊你的孩子前，你要先學會放手

該成長的不只是孩子，還包括每一位家長
獻給願意重新理解孩子、也理解自己的你

目錄

前言　　　　　　　　　　　　　　　　　　005

第一章　愛的語言：
　　　　親子關係的基礎　　　　　　　　　007

第二章　情緒理解與對話：
　　　　從傾聽開始　　　　　　　　　　　027

第三章　合作的啟動鍵：
　　　　引導而非命令　　　　　　　　　　045

第四章　避免懲罰陷阱：
　　　　有效的界線建立　　　　　　　　　067

第五章　激發內在動機：
　　　　如何讓孩子自發努力　　　　　　　089

第六章　自信的根：
　　　　接納與讚美的平衡　　　　　　　　111

目錄

第七章　比較與期待：
　　　　家長觀點的再調整　　　　　　133

第八章　尊重個體差異：
　　　　從因材施教出發　　　　　　　155

第九章　親子互動的藝術：
　　　　對話、傾聽與回應　　　　　　175

第十章　給予自由也給責任：
　　　　從依賴走向獨立　　　　　　　197

前言

　　在許多家長的內心深處，都有一種說不出口的疲憊：我們很努力在愛孩子，卻常常懷疑自己是不是做錯了什麼。明明每天準備三餐、接送補習、關心學業，孩子卻總是頂嘴、冷淡，甚至躲進自己的世界不願溝通。有時候我們不禁懷疑，這樣的愛，到底有沒有被接住？

　　育兒從來不是一條筆直的道路。它充滿了彎路、試探、反覆與懷疑。我們以為努力就能換來理解，以為犧牲就能換來親密，卻忽略了一個根本的問題：孩子和我們不一定在同一條情感軌道上。

　　我寫下這本書，並不是想教你變成完美的家長，而是希望陪你一起鬆一口氣。我們不需要什麼「神隊友」形象，也不需要照著教條演戲，更不需要無止盡地自責。你只需要重新看見──那些你早就有的愛，只是還沒有說到孩子心裡去。

　　本書不談高深理論，也不講求精密模型。我想做的，是幫你把那些「我只是想孩子好」的心意，翻譯成孩子能懂的語言。你會發現，很多你認為的「問題行為」，其實只是孩子在用他的方法喊話。他要的，或許不是更多指導，而是一種讓他覺得「你真的懂我」的感受。

前言

這本書的結構,圍繞著 10 個與親子關係緊密相關的主題,從最基本的「愛的表達」,到「溝通」、「責任感」、「自信」、「界線感」等,每章都設計為獨立而完整的面向。我會在每一節中帶你看看不同家庭的實際情境 —— 有些是真實案例,有些則經過模糊處理,但每一個故事都來自我們共同面對的現實:怎麼愛,才不會讓彼此越走越遠?

你會讀到一位母親如何在職場與家庭之間拉扯,卻因一句話重新連上孩子的心;你也會看到一位父親學會從命令改為對話之後,孩子開始主動分享;你甚至會理解,為什麼有些孩子會用「拒絕被愛」的姿態來保護自己 —— 那不是叛逆,而是一種防禦機制。

每個章節的安排,都會聚焦一個情境、解析其中的心理機制,再搭配具體可行的做法。你不需要記下任何理論名稱,只需要帶著對孩子的關心,慢慢讀、慢慢想,然後在日常裡試著改變一句話、一個眼神、一個陪伴的方式。

你不需要一次就做對。育兒從來不是一種完美的技術,而是一種願意修正的態度。這本書不是給標準答案,而是讓你看見:每一位家長都可以是最懂自己孩子的那個人,只要願意重新學習怎麼「說愛」。

讓我們從理解開始,讓孩子終於感受到:原來你一直都在,只是現在用對了方法。

第一章
愛的語言：
親子關係的基礎

第一章　愛的語言：親子關係的基礎

1-1　你愛他，他感受到了嗎？

　　有位母親在演講場合中分享了一段她與國中兒子的互動經驗。她說，自己每天凌晨5點半起床準備早餐，從沒讓孩子餓肚子上學，假日也總推掉自己的休息時間接送孩子去補習、打球、參加社團。她語帶哽咽地說：「我為這個家犧牲了那麼多，他卻說我都不關心他。」

　　這句話聽來令人心酸，卻在許多家庭中屢見不鮮。家長覺得自己付出一切，孩子卻總是覺得「不夠」。這種感受落差，不是出自誰對誰錯，而是來自於「愛的表達」與「感受接收」之間的錯頻。

　　在親子關係中，我們常以為只要「做得多」，孩子就會感受到愛。但事實上，情感的傳遞並不單靠行動本身，而是取決於對方是否以「理解得來的方式」接受到了這份情感。心理學家將這種現象稱為「情感傳輸落差」（emotional transmission gap），指的是情感的出發者與接受者之間，在詮釋行為意義上產生的錯位。

　　舉例來說，一位忙碌的爸爸可能會努力工作、賺錢供孩子上最好的學校，他認為自己以實際行動「愛孩子」；但在孩子眼中，爸爸總是晚歸、不參與生活、不說一句關心的

1-1 你愛他,他感受到了嗎?

話,於是他開始懷疑自己在父親心中的位置。兩人都沒有錯,錯的是彼此之間缺少了一條翻譯的橋梁。

這種差距的關鍵,往往在於「語言不通」。這裡所說的並不是中文與英文,而是「愛的語言」是否對得上。若家長的愛是用「做事」表達,而孩子渴望的是「陪伴」或「言語肯定」,那麼愛的訊號即使發出了,對方也無法解碼,自然接收不到那份用心。這不僅會讓孩子感到被忽略,也會讓家長陷入挫敗與委屈。

不少研究顯示,孩子在幼年時期建立的情感安全感,與他是否覺得自己被在乎、被看見、被接納密切相關。如果這份安全感長期不足,即使家長後續有再多彌補,孩子也容易在心理上設下防線,認為「你只是做給我看,不是真的懂我」。這種認知偏差一旦形成,將可能延伸至青少年對家庭的疏離感,甚至影響未來的人際信任與情感表達能力。

要修補這種落差,首先必須意識到:付出與感受到愛,不一定是線性關係。有些家長確實給予了很多,但若未經由孩子「熟悉的管道」接收,就形同無聲廣播。就像你開車聽廣播,收音機頻道若沒調對,即使主持人再賣力說話,乘客還是只聽到雜音。

那麼該如何判斷自己的愛是否傳遞成功?其實並不難。一個簡單的線索就是觀察孩子的回應:當你表達關心時,

009

第一章 愛的語言：親子關係的基礎

他是否有情緒上的回應或行為的回饋？當你說「媽媽很想你」，他是微笑、沉默，還是立即轉身離開？這些非語言訊號，比起「我不是都對你很好了嗎？」這類控訴式語句，更能引導我們反思：是不是哪裡出了差錯。

我們也可以試著主動詢問：「你會在什麼時候覺得我是在關心你？」、「最近有沒有哪件事讓你覺得我不理解你？」這些問題不必等到關係緊張時才問，而應該在日常交流中自然出現。孩子的答案也許讓你驚訝，但正是這種驚訝，才有機會打破「自以為的付出」所築起的高牆。

許多家長也會問：「那我是不是要遷就孩子、一直依照他的方式去表達愛？」其實不是遷就，而是調頻。你依然可以用自己的方式愛他，但在此之前，先去理解他是用什麼方式接收愛。這就像兩個人講不同母語，不是誰改變自己比較多，而是彼此願意學幾句對方的語言，才能真正建立溝通。

有時候，孩子要的其實只是你晚餐時間放下手機、睡前給他一個擁抱，或者在他講話時不要轉身走開。這些看似微不足道的舉動，卻可能成為他內心累積安全感的關鍵時刻。

我們都曾努力愛著，只是那份努力，可能還需要一點點翻譯。當你調整頻道、學會用孩子能接收的方式說愛，關係的改變往往就從一個眼神、一句簡單的問候開始。

1-2 孩子的「愛語解碼器」

同樣一句「我愛你」，對不同的孩子來說，可能完全不是一回事。

有個五歲的女孩，在睡前總是纏著媽媽要講故事，講完一本還不夠，一定得再多抱一會才肯睡。媽媽一開始覺得這是孩子愛撒嬌，後來才發現，原來對這個孩子來說，睡前的陪伴就是她一天中最感受到愛的時刻。而另一個家庭裡，國中兒子不太黏人，但每次媽媽誇他一句「你今天做得真棒」，他都會偷偷笑出來。你說他不在乎媽媽的愛嗎？其實不是，只是他「接收愛的方式」和別人不同。

美國作家蓋瑞・巧門（Gary Chapman）曾提出「愛的五種語言」的概念，原本是用來描述成人親密關係中如何有效表達愛，但這套分類用在親子關係上，也同樣受用。這五種愛的語言分別是：「肯定的言語」（Words of Affirmation）、「精心的時光」（Quality Time）、「接受禮物」（Receiving Gifts）、「服務的行動」（Acts of Service）與「身體的接觸」（Physical Touch）。每個人從小到大對於這些表達方式的偏好不同，孩子當然也不例外。

舉個例子來說，如果一個孩子最在乎的是「精心的時

第一章　愛的語言：親子關係的基礎

光」，那麼你買再多東西給他、替他安排再多活動，都不如陪他一起在地上拼樂高半小時來得有感。他要的不是你做什麼，而是你「專注地和他一起做什麼」；又或者，有的孩子會在收到一張寫著鼓勵話語的小卡時感動半天，這樣的孩子可能對「肯定的言語」特別敏感。當你說出「我很以你為榮」、「我知道你盡力了」這類話時，他會真正把你的認可放在心上。

而有些孩子，可能最有感的愛語是「身體的接觸」──擁抱、牽手、拍拍背，這些身體互動讓他們覺得被關心。有研究顯示，嬰幼兒透過肌膚接觸建立情緒安全感，而這份需求在進入學齡階段後雖然不再那麼明顯，卻仍然是建立親密感的基礎之一。若孩子從小就習慣透過擁抱與親吻感受到安心，隨著年齡增長，他可能依然會期待某種形式的肢體交流，來確認愛的存在。

比較有趣的一類是「接受禮物」的孩子，他們不見得重視物品本身，而是透過「你有想到我」這個訊號來確認自己被重視。不是每個小孩都物質導向，但對某些孩子而言，一張畫、一本書、一顆糖，都是你心裡有他的證據。當然，這類型的愛語若使用過度或混入獎賞性質，可能會讓孩子誤以為愛是「換來的」，所以家長更要細膩拿捏其中分寸。

最後是「服務的行動」。這種愛語往往讓家長誤會為「理

1-2 孩子的「愛語解碼器」

所當然」的照顧,像是幫孩子準備便當、洗衣服、帶他上下學。但如果孩子的愛語正是這一型,這些行動在他心中會被記下來,並轉化為一種「我有被在意」的內在感受。相對地,如果哪天突然中斷,孩子也可能會出現失落感,因為那不是單純的生活服務,而是他習慣接收愛的方式。

當然,孩子的愛語不會只有一種,也不會固定一輩子。隨著成長經驗與親子互動方式變化,他可能從重視陪伴轉為重視鼓勵,或者在不同情境下展現不同偏好。有些家長會問:「我要怎麼知道孩子的主要愛語是什麼?」其實觀察他「對什麼最有反應」就是線索。當你說一句話、做一個舉動,他是否明顯開心、感動、依附?那往往就是他「有接收到愛」的訊號。

另一種觀察方式是:孩子在與你產生衝突或感覺被忽略時,他會「怎麼抗議」。有些孩子會說:「你根本都不聽我講話」,表示他可能重視的是「傾聽與對話」這類精心時光;有的孩子則會冷冷說:「我才不想跟你坐一起」,那或許是因為身體接觸對他原本很重要,而現在的冷落讓他轉向防衛。

知道這些差異之後,家長能做的不是強迫自己每種方式都做到,而是試著在孩子的需求與自己的表達方式之間找到平衡。你不一定要馬上成為會寫卡片、會說肉麻話的家長,但你可以在孩子說「你什麼都沒做」的時候,誠實問他:「你

第一章　愛的語言：親子關係的基礎

希望我怎麼愛你，才會覺得被在乎？」

我們每個人其實都在學著翻譯彼此。當你願意學會說孩子聽得懂的「愛語」，孩子也會更容易聽見你心裡真正的關心。

1-3　當好意變成壓力

　　有時候，孩子不是不懂事，而是無法承受。某次親職講座中，一位高一學生在匿名寫下的紙條上說：「我知道家裡很辛苦，也知道他們是為我好，可是我真的好累。每天都有人在問我考幾分、進度到哪裡，連喘氣都覺得愧疚。」那是一封沒有指責、沒有抱怨的文字，但讀起來卻比發怒更沉重。

　　在家庭裡，最難察覺的一種壓力，往往是「被好意包裝的期待」。家長出於愛心、責任與焦慮，希望孩子能更好，便不自覺地在生活裡植入許多提醒、安排與計畫。從加強補習、緊盯成績、控制飲食，到社交圈的過問，這些做法乍看之下都是出於保護與用心，但當孩子無法參與決定，也無從表達不同意見時，這份好意就會變成沉甸甸的負擔。

　　壓力不是來自「做了什麼」，而是「做法背後的控制感」。當家長幫孩子做出所有選擇，即使每一項安排都是為了未來鋪路，也可能讓孩子逐漸失去自我感。這種失衡不一定會立即爆發，而是像慢性疲勞一樣，累積在心裡──今天不想多講一句話，明天不想回家吃飯，後天乾脆不說自己真正的想法。

第一章　愛的語言：親子關係的基礎

　　曾有一位家長提到，自己從小嚴格要求孩子每天安排時間表，晚上還會陪坐一旁檢查作業，原以為這樣能讓孩子養成自律，結果反而換來孩子對書本的厭倦與對時間的焦慮。她說：「我以為我是在陪伴他，其實是在監控他。現在才發現，我看見的只是完成度，沒看見他每次抬頭時的眼神。」

　　孩子對壓力的反應，其實很少是直接說「我好累」、「我覺得痛苦」，更多時候是轉為看似不配合的行為表現。有的孩子會故意慢吞吞完成作業，有的會在考前鬧情緒、突然說「不想讀了」，甚至有人變得不愛回家，開始封閉自己。對外界來說，這些看起來像是懶散、叛逆或不負責任，但實際上，可能只是他們在一種無聲抗議裡，想說出：「我快撐不下去了。」

　　壓力最深的一句話，常是：「我知道你們都為我好，所以我不該說什麼。」這種內在壓抑看似懂事，卻往往最讓人心疼。孩子不敢拒絕，是因為害怕辜負；不敢抱怨，是因為深怕愛會因為反對而減少。這樣的情緒若沒有出口，就會內化成一種自我價值的懷疑──我是不是永遠不夠好？我是不是不值得被放鬆對待？

　　更進一步地說，許多來自家長的過度介入，背後其實是一種對未來的不安。有時候，我們之所以不斷催促孩子，是因為內心藏著「如果我不盯著，他就會失敗」的恐懼。這份

1-3 當好意變成壓力

恐懼很多時候不是針對孩子，而是對自己的不信任，甚至來自家長本身成長過程中沒有被理解或支持的經驗。當我們曾在過往被放任、被比較或被否定，那些遺憾很容易在孩子身上重新上演，這次換我們說：「我要給你一個不一樣的未來。」

可惜的是，如果沒有辨識這些情緒來源，那些「不想讓孩子失敗」的好意，就會無形中變成一種「不容許他選擇」的焦慮傳遞。我們以為給他全套裝備就是愛，卻忘了問一句：這是他真正想去的地方嗎？

那麼，我們該如何分辨自己給出的，是愛，還是壓力？其實可以從一個簡單問題開始：「這件事，是我為他安排，還是和他一起討論出來的？」如果孩子在過程中毫無參與、也無空間調整，那麼即使安排再周到，也只是單向輸出。久而久之，孩子會開始懷疑自己的感受是否重要，甚至認為「我就算不開心，也沒差，因為大人已經幫我決定好了」。

調整的關鍵在於建立「對話空間」。當家長能問出：「你覺得這樣安排適合嗎？你有沒有別的想法？」就等於釋放了一個訊號：你的意見對我有價值。這種尊重不只是尊重他的想法，而是尊重他作為一個獨立個體的存在。而一個感受到自己被信任的孩子，會更願意承擔責任，也更懂得照顧自己。

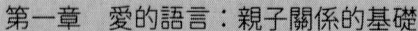
第一章　愛的語言：親子關係的基礎

　　當然，這不代表家長要完全放手，什麼都讓孩子決定，而是從「我替你想好了」慢慢走向「我們一起來討論」。你依然可以提醒他、指引他，但最重要的是讓他知道：這條路，是我們一起走的，而不是你走在我鋪好的軌道上。

　　有時候，讓愛真正抵達孩子心裡，不是加重你的付出，而是放下你的掌控。當好意能留出呼吸空間，它才會變成真正能被接住的關心。

1-4　家長的情緒帳戶

1-4　家長的情緒帳戶

　　親子關係的變化，往往不是一夜之間的事。很多時候，當家長開始覺得和孩子的距離越來越遠、對話越來越少，甚至出現「他怎麼突然變了一個人」的錯愕，其實那並不是突然，而是長期累積的結果。這種變化像一條看不見的裂縫，一開始只是細縫，後來越拉越開，直到有天你發現，無論說什麼，孩子都只給你兩個字的回應。

　　心理學上有一個被廣泛使用的隱喻叫做「情緒帳戶」（emotional bank account），由史蒂芬・柯維（Stephen Covey）提出，原本是用來描述人際關係中的信任維護機制。在親子關係中也同樣適用。簡單來說，每一次理解、傾聽、陪伴、鼓勵，都像是在關係帳戶中存下一筆款項；而每一次責備、忽視、催促、批評，則像是提款。只要存款多於提款，帳戶還是安全的；但若長期只提款不存款，帳戶就會出現赤字，最終成為情感的破產。

　　許多家長在關係出現緊張時，會想要快速彌補，例如突然安排一趟旅行、買一份禮物、或試圖抽時間陪伴，這些行動雖然有心，卻經常因為平日缺乏「穩定存款」而顯得突兀。孩子會質疑：「你現在突然這麼熱情，是不是想讓我

第一章 愛的語言：親子關係的基礎

做什麼事？」或者乾脆不領情：「你以前都沒空，現在來幹嘛？」

這些反應讓不少家長感到受傷，覺得孩子不懂感恩，卻忽略了一件事：信任的關係不是靠單一事件建立的，而是來自持續的投資。就像你不能只在月底存錢還債，卻希望帳戶一直健康；親子關係也是如此，關鍵從來不在於一次做了什麼，而是你平常是否穩定在存。

孩子的情緒帳戶特別敏感。他們對「被看見」的需求遠超過我們的想像。哪怕只是你記得他喜歡的食物、回應他講的一句冷笑話、在他主動分享作品時說「你畫得真細心」，這些微不足道的小事，都是存款。而當孩子發現，他說的話你沒聽、他的感受你忽略、他的興趣你潑冷水，那些輕描淡寫的失落，就是不自覺的提款。

我們都知道「說話要小心」，卻常常在日常生活裡忽略了表情、語氣，甚至一個轉身的速度，都會被孩子記進情緒帳戶裡。有些孩子不是不想親近，而是過去太多次被打斷、被質疑、被當作小題大作，於是選擇乾脆不說。沉默，往往不是天生寡言，而是曾經說過太多次，卻沒被好好聽。

更值得注意的是，當孩子感受到關係帳戶長期赤字時，他們會用某些方式來「測試」這段關係是否還有價值。有時他們會突然說謊，觀察你是否會因此失望；有時他們會做出

1-4 家長的情緒帳戶

小小的違規行為，只為確認你是因為愛他而生氣，還是單純因為他犯錯。這些行為的本質，不一定是叛逆，而是用行動確認「你在不在乎我」。他們或許說不出口「我覺得你不再理解我」，卻會透過這些模糊的訊號來探測，這個家長是否還願意耐心聽、是否還在乎自己內心的波動。

家長也有自己的情緒帳戶。我們都會累，也會有沮喪、煩躁、心煩的時候。如果我們總是壓抑著自己的感受，只用責任感去陪伴孩子，很容易讓情緒帳戶悄悄出現過度支出。那會讓我們變得容易爆炸，對孩子的反應失去耐性，甚至開始用「我已經做那麼多」來交換孩子的表現。這種交換，長期下來會讓親子關係變得功利與緊繃，彼此都覺得委屈，卻又無從解釋。

情緒帳戶的美好之處在於，它不是非黑即白的關係評價，而是可以每日累積的互動存量。你不需要一次做出驚人改變，只要每天做對一點點，慢慢地，帳戶就會有餘裕。早上說一句「祝你今天順利」、睡前主動問他「今天有沒有什麼想分享的」、看到他失落時不要急著糾正，而是先說「聽起來你有點沮喪」，這些日常對話，不需要額外的時間與金錢，卻是最真實的存款。

當你發現自己已經很久沒有和孩子有過一次輕鬆的對話，或是總覺得每次談話都像在爭論，不妨停下來想一想：

第一章 愛的語言：親子關係的基礎

我們之間的情緒帳戶，是不是太久沒存了？如果是，那麼這不是自責的理由，而是重新開始的契機。關係的修補從不嫌晚，只要你願意開始說一聲「我想了解你」，孩子總會在某個瞬間，重新打開那扇心的門。

情緒帳戶不是為了讓你換來回報，而是為了提醒你：愛的連結，是需要維護的。只有你平常有投資，在孩子失落、犯錯、想逃避的時候，他才會知道這個家不只是要求他的地方，也是接住他的地方。

1-5　缺席的情感投資

在我們談完「有說卻沒傳達」之後，也該來看看：當根本沒時間說，又會怎樣？

有一位小學五年級的男孩，在教室寫下的作文裡這麼形容他的一天：「我最期待的時候是晚上睡覺，因為那時我可以閉上眼睛，想像爸爸媽媽在我旁邊陪我說話。」老師一邊讀著，一邊紅了眼眶。這個孩子的家長不是冷漠的人，而是每天早出晚歸、為家庭經濟奔波的工作者。他們認真負責、努力提供資源，卻在不知不覺中，將「陪伴」留給了空想。

現代家庭中，「忙碌」早已成為標配。許多家長都曾有這樣的掙扎：一邊想好好陪孩子，一邊又被工作壓得喘不過氣。更難的是，即使人在家裡，也可能因為疲憊、焦慮或注意力分散而無法真正投入。這種「身在、心不在」的狀態，對孩子來說，其實比實際缺席更讓人困惑。他看見你坐在沙發上滑手機，卻感受不到你看他的眼神；他試著講笑話給你聽，卻等不到一句完整的回應。於是，孩子會開始懷疑：是不是我不夠重要？還是你其實不想聽我說話？

研究指出，孩子對於「被注意」的需求，在早年經驗中具有關鍵影響。當孩子發現自己總是被忽略、不被回應，會

第一章 愛的語言：親子關係的基礎

逐漸降低主動分享的意願，甚至將情緒壓抑轉向自責，認為是自己的問題導致家長不想親近自己。而這種長期的心理落差，不僅影響孩子的自尊與表達能力，也會破壞親子之間的信任土壤。

這樣的心路歷程，通常會經歷一段內化過程。孩子一開始會等待、觀察，試圖釋出訊號，例如用畫畫的方式吸引關注，或反覆講同一件事想獲得回應；當這些訊號未被接收，他可能會開始對自己的重要性感到疑惑，並逐漸形成「我說了也沒人聽」的信念。最終，他可能選擇封閉，不再主動分享，甚至對親密互動感到不自在。這種「情感撤退」一旦形成，即使家長之後試圖彌補，也常常會遇到孩子的冷淡回應。那不是不在乎，而是他已經習慣了不要期待。

情感的投資並不等同於大量的時間，而是「有品質的專注」。你可以每天花三小時陪孩子做功課，但若過程中不斷催促、批評、心不在焉，那其實是在扣款而非存款；相反地，即使只有二十分鐘的共處，只要是真誠傾聽、眼神交流、情緒回應，那就足以成為孩子內心的力量來源。

許多家長會因為無法長時間陪伴而感到愧疚，於是試圖以物質補償——買禮物、安排活動、報更多才藝課程，彷彿能填補那段空白。但孩子要的從來不是補償，而是真實的連結。他不在乎今天去哪裡玩，更在意你是否在他說話時放

1-5 缺席的情感投資

下手機；他不期待你每餐都在家，但希望有時候你會記得問問：「你今天過得好不好？」

對忙碌的家庭而言，最務實的做法不是苛求時間，而是調整態度與方式。與其期待長時間的陪伴，不如在日常裡打造「穩定的小接點」。像是早上出門前花一分鐘抱一下，晚上睡前問他一句「你今天最開心的是什麼」，或是在用餐時刻彼此輪流分享三件今天發生的小事。這些看似零碎的時光，其實就是情感投資的積點機制——日積月累，就能建起一份不會因忙碌而斷裂的親子連結。

也有家庭會嘗試創造固定的「不被打擾的親子時光」，例如每週選一個晚上做「小小例行事」：一起煮飯、下棋、散步、畫畫，重點不是活動多精彩，而是這段時間雙方都願意全心參與、不被其他事物干擾。這種固定但簡單的儀式，會讓孩子覺得「我在你的行事曆上有一個專屬位置」，那種感受本身就是強大的安全感。

對家長而言，從「我沒時間」轉變為「我願意安排」是一個重要的心態轉折。不是要求你放下所有事，而是重新看見：孩子的童年無法重來，而你與他的情感連結，也不只是等到有空再說。真正的陪伴從來不是排開行程，而是放下心中那份「來不及補償」的焦慮，用真實的在場感，告訴孩子：你在我心裡，從來都不是附屬品。

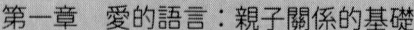
第一章　愛的語言：親子關係的基礎

當我們學會從零碎時間中種下陪伴的種子，不再用愧疚驅動行動，也不再以時間的多寡評價親子關係，就會發現連結並非遙不可及。它存在於日常每一個你願意放下焦慮、放下忙碌、看進孩子眼裡的片刻。

你或許無法每天都在他身邊，但你可以成為他心裡知道「隨時可以靠近」的那個人。而這樣的感受，才是最長久、也最不會被時間帶走的情感投資。

第二章
情緒理解與對話：
從傾聽開始

第二章 情緒理解與對話：從傾聽開始

2-1 不只是聽見，而是聽懂

那天，一位國中生在輔導室說：「我媽根本沒在聽我說話。」心理師問他：「她不是都有聽你講完嗎？」孩子搖頭：「她只是等我講完，好講她的。」這句話說得不大聲，但語氣裡有明顯的失落。對這個孩子而言，最讓他沮喪的從來不是媽媽不在場，而是她在場卻沒有真正「聽進去」。

在親子溝通裡，這樣的場景並不少見。家長往往自認「我有認真聽了」，但孩子卻依然感受到被否定、被打斷，甚至被忽略。這不是因為有人做錯了什麼，而是因為「聽見聲音」與「理解情緒」之間，其實隔著一條極深的鴻溝。許多人以為傾聽就是不插嘴、不打斷，其實那只是最低標準的「收音」。真正的同理傾聽，是一種情緒層次的連結，是把耳朵放在對方內心的情緒頻道上，而不只是收集資訊的動作。

心理學上常說，「情緒是需求的語言」。當一個孩子對你說「我不想去補習」、「他們都不理我」、「老師很煩」，如果你只是用理性角度分析這些語句，說出「補習是為你好啊」、「那你就去找別人玩」、「老師可能只是嚴格」，你雖然回應了每一個句子，卻錯過了那個孩子真正想表達的東西——他的疲憊、孤單、被壓迫的感受。這時候，即使你

2-1 不只是聽見，而是聽懂

嘴巴說的是「我懂」，孩子心裡想的卻可能是：「你才不懂。」

同理傾聽的關鍵不在於是否「給出意見」，而是你是否能夠讓對方感覺到：你有用心在他的感受上，而不是急著處理他的問題。對於孩子來說，傾聽不是一種技術，而是一種在乎。你是否把專注給了我？你是否在意我說這些話的背後，是什麼樣的情緒在推動？這些都是他在潛意識裡尋找的答案。

很多家長其實有意願傾聽，只是不知道該怎麼做。當孩子說出一件讓人不安或不認同的事，像是「我不想上學」、「我覺得你偏心弟弟」，大人的第一反應常常是：「你怎麼可以這樣講？」、「你知道你這樣多不公平嗎？」這些回應雖然出於自我防衛，但在孩子眼中就是一種否定。他會覺得自己的感受被打槍了，於是開始收起心事，不再主動開口。久而久之，雙方雖然都還在說話，卻已經失去了真正的交流。

同理傾聽的第一步，是「暫時放下自己的反應」。不是要你壓抑感受，而是先讓孩子有說話的空間。這一點說來簡單，實際上很難，因為我們每個人都習慣一邊聽一邊想著怎麼回應。但真正的傾聽，不是在等輪到你說話，而是讓自己進入對方的情緒場裡。當孩子說出「我覺得我很沒用」時，你可以先問：「你覺得沒用，是因為今天考試的結果，還是老師說了什麼？」這樣的提問，能讓孩子感受到你有在理解

第二章 情緒理解與對話：從傾聽開始

他當下的感受，而不是急著糾正他的想法。

除了語言內容，非語言的傾聽反應也同樣重要。孩子其實非常敏銳，他們能從你的眼神、身體方向，甚至回應時的語氣中感受到：你是真的關心，還是只是應付。當你邊滑手機邊說「你說啊我有在聽」，孩子心裡的門就已經關起來了；相反地，就算你什麼都沒說，只是坐下來、點點頭、讓對方慢慢講完，他反而更能感受到那份被看見的安心。

曾有一位家長說，她女兒有次在學校受了委屈，回家情緒很激動。她一開始想講道理，但發現女兒越聽越生氣。她只好改變策略，什麼都不說，只坐在女兒旁邊，輕輕拍著她的背。過了幾分鐘，女兒哭了一會兒後主動開口：「我知道妳想安慰我，但我現在真的很難過。」那天晚上，她們聊了很久，母女之間似乎又靠近了一點。這個例子沒有用什麼高深技巧，卻展現了最純粹的同理傾聽：允許情緒存在，允許沉默發生，允許孩子慢慢說完。

這樣的傾聽方式，長期下來會累積成一種信任。孩子會知道：「我可以把我的難過告訴你，而不是只把表現交給你看。」這種信任不是來自於你是否給出解方，而是他相信你會理解、會接住。當這種信任成形時，孩子在遇到壓力與困難時，第一個想到的求助對象就不會是外人，而是你。

如果你發現自己總是在孩子說話時插話、講結論，甚至

2-1 不只是聽見，而是聽懂

轉移話題，那就試著練習一個簡單的動作：等三秒再回應。這三秒，讓孩子有機會把話講完，也讓你有空間從反射反應切換到真實傾聽。你會發現，光是這個小動作，就能讓彼此的對話氛圍變得不一樣。

當然，傾聽不是放棄原則，也不是永遠只能點頭說好。真正的傾聽，是讓對方說完他當下的世界觀，再找出那個你們能對話的位置。你依然可以在之後表達立場、設定界線，但孩子也會因為你願意先聽他說，而更願意聽你說。這不是交易，而是互相。

在親子關係裡，我們都曾有過「想說卻說不出口」的時候。有時是因為對方太快回應，有時是因為我們覺得不被理解。這些經驗久了，會讓人學會閉嘴、防衛，甚至假裝沒感覺。而傾聽，就是在對方習慣關門的習慣裡，輕輕敲一下門，告訴他：「我還在這裡，等你說。」

當孩子願意說，你就已經贏了一半。而要讓他願意說，你要給的從來不是立場，而是理解。不是回應最對的話，而是給出最有感的存在。因為真正的溝通，不是從語言開始，而是從你願不願意「先聽懂」開始。

第二章　情緒理解與對話：從傾聽開始

2-2　孩子不是在鬧，是在求援

　　一位小學三年級的孩子，在校車上因為被排擠，情緒失控大哭，還動手推開其他同學。學校聯絡家長時，母親一邊安撫孩子一邊說：「怎麼這麼沒用？哭什麼哭？人家不跟你玩就去找別人啊！」這段話可能只是當下的焦急反應，卻在孩子心裡留下了更深的孤單。那一刻，他不僅沒有被保護，連釋放情緒的權利也被否定了。

　　在許多家庭與教養情境中，孩子的「情緒爆炸」常常被貼上不理性、不配合、愛鬧情緒的標籤。家長無法理解，為什麼一句勸導會換來大吼大叫，為什麼一件小事能讓孩子哭得停不下來。於是，我們習慣用「你太敏感了」、「別再鬧了」、「你是不是故意的」來回應。但很少人願意靜下來問一句：「他為什麼這樣？」

　　情緒行為，其實是一種求援語言。對於尚未具備完整語言表達能力或情緒調節能力的孩子而言，哭鬧、生氣、頂嘴、不理人，這些看似不成熟的行為，其實是在說：「我需要你，但我不知道怎麼說。」當孩子說不出內心的困惑與委屈，就只能透過外顯的行為表達內在的不安與混亂。如果大人只看見「行為」，而忽略了背後的「情緒動機」，那麼我們

2-2 孩子不是在鬧，是在求援

就只能用懲罰或說教來處理表面問題，卻錯失了理解孩子內心世界的機會。

一位兒童心理治療師曾分享過這樣的經驗。有個國小男孩，每次寫功課都要拖延到很晚，甚至會故意把作業藏起來，假裝已經完成。家長原以為這是偷懶，試著用責罵、懲罰、縮短遊戲時間等方式強化他的執行力，但毫無改善。直到一次談話中，男孩才悄悄說：「我不寫功課，是因為我寫得很慢，怕你們會說我笨。」原來，那些「不合作」的行為，都是他對自我否定的逃避與保護。他不是不想寫，而是害怕寫不好後被失望的眼神刺傷。

從大人視角看來，許多孩子的反應看似「不合理」，但站在孩子的立場，那正是他們能想到的唯一方式。當我們說「你這樣很沒禮貌」、「別耍脾氣了」，其實就像對一個正在溺水的人說「你怎麼不游泳」。孩子在情緒當中，是沒有餘裕「表現得好一點」的。他需要的，不是立即改變行為，而是先有人看懂他的崩潰來自哪裡。

這時候，家長的第一個任務，是把自己從「指導者」的位置稍微挪開，站到一個「情緒翻譯者」的角色上。當你看到孩子因為作業崩潰，不是立刻說：「怎麼又寫不完？」而是先想：「他是不是覺得很挫折？」；當你聽到他對你吼：「我討厭你！」不是急著懲罰不敬語，而是先問：「你是不是在

第二章　情緒理解與對話：從傾聽開始

難過我不幫你？」這些推論不一定每次都準確，但它們能釋放出一種訊號——你想了解，而不是只想制止。

在心理發展過程中，孩子從嬰幼兒期開始就學會透過哭聲、動作表達需求。進入學齡階段後，他們雖然逐漸具備語言能力，卻仍常因為不會組織情緒、找不到合適詞語，而退回用身體與語氣表達。這種混合的狀態，就是所謂的「情緒語言過渡期」。若我們在這個階段不給予理解與引導，而是直接回以規範與懲戒，孩子很容易將「表達＝風險」內化，最終不是選擇壓抑，就是進一步強化情緒化表達以爭取注意。

因此，面對孩子「看起來像在鬧」的情緒反應時，最重要的不是立刻做什麼，而是先讓自己穩定下來。孩子的混亂情緒，最怕碰到家長的焦躁回應。這會讓局面失控得更快，也會讓孩子感受到「我不能這樣，我連情緒都不能有」。相反地，當你能穩住自己的情緒，冷靜地說一句：「我知道你現在很生氣，我們先坐下來，你不用馬上講，我會在這裡。」那就是給了他一個安全的港口。

有時候，孩子的行為是在測試關係的韌性。他們想知道，當我不乖的時候，你還會愛我嗎？當我不會說出來的時候，你願意幫我說嗎？這樣的測試並非故意惹怒，而是對「情緒是否被容許」的試探。能通過這場試探的，不是說得多的家長，而是能看得懂那份亂中求助眼神的人。

2-2 孩子不是在鬧,是在求援

當然,這並不表示孩子的情緒行為可以無限擴張、毫無界限。但設立界線與看懂情緒並不衝突。你可以理解他是因為害怕才發脾氣,但仍然可以告訴他:「你可以生氣,但不可以摔東西。」這樣的做法,既保護了情緒,也建立了規範。孩子會因此明白:我可以有感受,但我也要學會用對的方式表達。

許多孩子不是不懂事,而是還沒學會說出自己的需求。他們也許用錯了方法,但那是因為他們還不會別的。若我們只看見「行為」,就會錯過背後那個想要被看見的孩子。而當我們能從情緒表面看進心裡,那些讓人頭痛的行為,也許就成了通往理解的橋。

行為是訊號,不是結論。孩子不是在鬧,而是在說:「我不會說了,你看得懂我嗎?」

第二章　情緒理解與對話：從傾聽開始

2-3　先陪伴，後指導

晚餐桌邊，一位小學生因為作業被批評，當場把鉛筆一摔，眼眶泛紅、情緒激動。家長一看到這畫面，立刻開口：「你看你這個樣子，誰還想幫你？」那一刻，孩子原本堆積的委屈像被推進火山，情緒全面噴發，淚水、吼叫、摔門，一氣呵成。幾分鐘後，客廳一片沉默，兩方都累了，卻誰也不想開口。

許多家長都有這種經驗：孩子情緒一來，我們下意識就想「拉回理性」，試圖用講道理或規勸把場面收回來。但越是這樣，情況往往越難控制。不是孩子抗拒對話，就是家長感到沮喪，覺得「我都好聲好氣了，怎麼還不領情？」問題不在語氣，也不在立場，而是時機錯了。

心理學上有一個概念叫做「情緒腦主導」（emotional hijacking），指的是人在情緒高張的當下，大腦的邏輯處理區域會暫時被情緒中心劫持，使人喪失理性思考與語言組織能力。這也就是為什麼孩子哭鬧時，無論你講得多有道理，他根本聽不進去。不是他不想聽，而是他「還無法聽」。

這時候，我們需要調整的不只是說話內容，而是對「說話時機」的理解。與其試圖立刻教孩子怎麼做，不如先陪他

2-3 先陪伴，後指導

把情緒安全地釋放出來。所謂的「先陪伴」，不是要你一直安慰，而是創造一個他可以安然表達情緒的空間。像是坐在他身邊、穩定語氣說「我知道你現在很難受」、「你可以哭沒關係」，這些話語不會解決問題，但會讓孩子的心安定下來。當他不再處於對抗狀態，對話的大門才可能打開。

有位家長分享過她的轉變。她的女兒每次考試成績不理想就會情緒低落，原本她都會說：「妳應該更努力」、「下次不要粗心」，試圖幫女兒調整學習策略。結果女兒越聽越煩，後來甚至考完試就自動封口。後來她學會在第一時間什麼都不說，只是靜靜地陪著孩子，讓她慢慢講出自己的感受。過了一段時間，女兒反而更願意討論學習方法，也不再視成績為洪水猛獸。這就是「情緒後，才是行動」的實踐。

孩子不是不能被引導，而是需要在被理解之後，才願意接受引導。太快說理，對他來說就像是在否定感受、推翻情緒。就算你說的每一句都是為他好，他也會覺得「你根本不懂我」；相反地，當你先接住他的情緒，哪怕只是說一句「你現在一定很委屈」，他就會知道你站在他這邊，而不是對立面。這樣的關係定位，才是日後有效對話的起點。

「陪伴」的本質是「等待」。不是你不說，而是你先不急著說。讓情緒有出口，是為了讓對話有入口。孩子有時只是需要你在場，知道他崩潰的時候不會被立刻修理，不會被當

037

作麻煩製造者。他會因為這份被接納的經驗，慢慢學會自己調節情緒，也學會分辨什麼是衝動、什麼是思考。

當孩子漸漸穩定下來，才是你可以「後指導」的時機。這時候的你，不再是壓制者，而是合作的陪跑員。你可以問他：「你覺得剛剛哪裡讓你爆炸了？」、「下次如果又遇到這種狀況，有沒有別的辦法處理？」這樣的問句不是挑錯，而是幫助他了解自己的情緒與反應路徑。透過這樣的對話，孩子才會真正從每一次失控中學到東西，而不是只是害怕被罵。

有些家長會擔心：「那我會不會讓他養成情緒化的習慣？」其實正好相反。只有當孩子經歷過「情緒被看見也不會出事」，他才有機會學會管理情緒。那些總被要求「收起情緒」的孩子，往往不是比較堅強，而是比較壓抑。久而久之，壓抑會轉化成爆炸、轉向自我攻擊，甚至成為情緒冷感。他們不是不會情緒，而是不知道什麼時候能有情緒。

有經驗的老師常說，當一個孩子在教室裡失控時，最有效的回應不是「你給我安靜」，而是「你要不要到旁邊坐一下，等一下我們再說」。這樣的處理方式沒有責備，只有暫停與緩衝。它給了孩子一個訊號：我看見你現在的情緒，也願意等你有力氣的時候再討論。這份被尊重的經驗，其實遠比千言萬語更具力量。

2-3 先陪伴，後指導

　　親子互動中的衝突不會消失，但若你能掌握「先陪伴，後指導」的節奏，衝突的破壞力就會減低，而學習的空間就會浮現。孩子會開始信任你，也會開始信任自己 —— 相信自己不是被情緒打敗，而是有能力從情緒中站起來。

　　所以，當孩子的情緒來臨時，請先收起你的建議與標準，給他一點點等待的時間、一點點沉默的空間。這不是妥協，而是修復的起點。你會發現，真正有效的教養不是你說了多少話，而是你在什麼時候選擇說、在什麼時候選擇不說。

　　有時候，一句話在對的時間說，才能真正抵達孩子的心裡。

第二章 情緒理解與對話：從傾聽開始

2-4 說對話而不是說教

在一次家庭對話觀察中，一位父親對女兒說：「妳現在的態度真的讓人很失望，這樣以後怎麼辦？」女孩原本只是低著頭沉默，聽到這句話後猛然抬頭，回了一句：「我根本不想講了。」然後走進房間，把門關上。整場原本想要「好好溝通」的對話，以沉重的氣氛劃下句點。這樣的場景，不難想像發生在許多家庭中。

我們往往以為自己是在溝通，其實只是在說教。語言是一種工具，也是一種關係的展現方式。當我們習慣用命令、質問、否定、歸咎等語氣來表達時，就算話語內容有道理，孩子也只會感受到壓力與責備。與其說話沒說進心裡，不如說話讓人築起防線。真正的對話，不是要誰贏誰輸，而是讓彼此靠近。

許多家長都是在善意與擔心中，發展出了一套「說教語言」。這套語言看似有條理、有邏輯，實則是單向的、結論式的。像是：「你這樣做會後悔的」、「我講這麼多你都不聽」、「你再這樣下去就完了」。這些句子熟悉又直接，卻往往最容易讓孩子關上心門。因為它們沒有留下討論的空間，也沒有傳達出理解的意圖。孩子聽見的不是關心，而是控

2-4 說對話而不是說教

制;不是建議,而是壓力。

　　語言的轉化,不是要我們失去原則,而是學會用更柔軟卻有力量的方式說話。從「判斷式」轉為「觀察式」,從「命令句」轉為「開放句」,從「你怎麼這麼不懂事」轉為「你剛剛的反應,好像有一點難受,是因為什麼事讓你不舒服嗎?」這樣的改變,不是放棄對錯,而是將語言從定罪變成邀請。邀請孩子參與、分享、討論,而不是被動接受評價。

　　有個家長曾經歷一次語言轉化的啟示。他的兒子在放學後沒有按時回家,晚了一個多小時,原本他想直接開罵:「你知不知道你這樣多不負責任?」但他忍住了,先問了一句:「你晚回來,是因為發生什麼事嗎?」兒子一開始還想頂嘴,後來說:「朋友爸媽突然吵起來,我不敢讓他一個人待著,就陪他走一段。」那天他們沒有爭吵,反而多了一次關係的靠近。這不表示每一次都會有感人劇情,而是語言真的能決定彼此的距離。

　　語言也可以是引導,而非糾正。當你發現孩子寫作業拖延,不一定要說「你怎麼又在偷懶」,而是可以試著問:「這部分有卡住嗎?還是今天比較沒精神?」從行為切換到狀態的提問,不只是減少了防衛,也打開了解決問題的契機。你也許最終還是要要求他完成作業,但整個過程中,他感受到的不是壓力,而是有人願意站在他這邊一起想辦法。

第二章　情緒理解與對話：從傾聽開始

　　另外一種語言的轉化，是從「自我為中心」轉向「關係為中心」。例如，「我叫你收衣服你就是不動」變成「我看到衣服還沒收，想了解是忘了還是有其他事忙著？」；「你怎麼這麼沒禮貌」變成「我聽到你這樣說話，有點難過，也想知道你是不是在生氣」。這些話的差別在於，它們不是把對錯壓在對方身上，而是願意打開情緒與行為之間的對話空間。孩子會明白，他不是在被審判，而是在被邀請參與這段關係的修復。

　　當然，語言轉化不是一蹴可幾，也不是每一句話都能控制得那麼好。我們都會有情緒，也會有口不擇言的時候。但正因如此，當你偶爾脫口而出後，願意回頭說一句：「剛剛我說話的語氣可能太重了，讓你不舒服，對不起。」這就是一種語言修復力的展現。你不只是說話的示範者，更是關係修補的行動者。

　　孩子從我們的語言中學習怎麼說，也學習怎麼聽。當我們總是以強烈指責的語氣表達，他也會用同樣的方式對回來。當我們能用開放與尊重的語言互動，他也會慢慢發展出更溫和、具建設性的表達方式。語言不只是工具，它是情感的形狀，是價值觀的投影，是關係的編碼。

　　所以，下次當你想對孩子說出「你這樣真的很讓我失望」時，不妨換成：「我有點難過，因為我原本以為你會記

2-4 說對話而不是說教

得這件事,我想知道你是怎麼想的。」這樣的語言,不只說出你的感受,也邀請對方說出他的角度。這不是話術,而是讓彼此從對立走向理解的開端。

對話,不是說給孩子聽,而是和孩子一起說。語言的轉化,並不在於你用的詞有多高明,而是在於你是否願意從「我來教你」轉為「我們來談談」。當孩子感受到這樣的態度,他才會真正相信,這是一段可以讓他說真話的關係。

因為最有力量的說話,不是用來糾正錯誤,而是用來靠近彼此。

第二章　情緒理解與對話：從傾聽開始

第三章
合作的啟動鍵：
引導而非命令

第三章　合作的啟動鍵：引導而非命令

3-1　別讓指令毀了對話

「去把書包收好」、「現在就去洗澡」、「功課寫了沒，快點！」這些話語對許多家長來說，是每天都會說出口的日常用語。它們快速、明確、有效率，似乎能幫助孩子盡快完成該做的事情。但不知不覺中，這些語氣也可能悄悄改變了親子關係的質地。

有位家長曾分享，她的兒子總是在被催促後才慢吞吞去做事，而且做的過程中情緒極差，常常一邊動作一邊抱怨：「妳每次都這樣命令我，好煩喔！」一開始她覺得孩子只是在找藉口逃避責任，直到某次她聽到自己對孩子說話的語氣，才猛然驚覺：「我真的像在下命令。」那一刻她才意識到，原來不是孩子不配合，而是她的語氣先讓對話變成了對立。

命令式語言的問題，並不在於內容對錯，而在於語氣帶來的權力感與關係距離。當我們用命令語氣與孩子溝通，傳達的不只是「該做什麼」，還包含「你必須聽從我」，甚至是「我比你懂得更多、決定更快」。這樣的語氣可能讓事情完成得更快，卻也很容易讓孩子覺得自己只是被控制的對象，而不是一個可以參與決定的人。久而久之，他們可能會出現幾

3-1 別讓指令毀了對話

種典型反應：拖延、頂嘴、敷衍、故意做錯，甚至是完全不理會。

心理學家指出，孩子的合作動機，往往取決於他對關係的感受。如果他覺得自己不被尊重，或者在對話中總是處於「被要求」的角色，那麼即使他行為上順從，內心也可能累積反感與抗拒。有些孩子看起來配合度高，實則情緒冷淡；有些則直接用反抗回應命令，讓親子衝突升級。無論哪種情況，其實背後都有一個共同的訊號：「我不想再只是聽命行事的人。」

改變命令語氣，並不代表家長要完全放棄原則，也不是不可以設立界線，而是要找到一種讓孩子願意靠近、願意參與的說話方式。這並不難，只要從語氣與語序做出微小的調整，效果就可能大不相同。

比方說，「快去洗澡」可以改成「等一下你想先洗澡還是先收書包？」；「功課寫了沒？」可以變成「你打算什麼時候開始寫？我可以陪你一下嗎？」這樣的語句不僅保留了對事情的要求，也多了一層邀請與尊重的語感。孩子不再只是接受命令，而是在選擇行動的方式上擁有一點點主動權。而這一點主動權，對他來說就是尊嚴的表現。

我們都曾經是孩子，也都記得在被命令時的那種感受。那不是事情本身的難，而是來自語氣的壓迫感。有位青少年

第三章　合作的啟動鍵：引導而非命令

在諮商中說過：「我不是不想做事，但我真的受不了被那種口氣說。」這句話點出了重點——孩子抗拒的，不是家長的要求，而是那種讓人覺得「不被當一回事」的語調。

語氣的影響常常在不知不覺中發生。一位國小老師觀察發現，同樣是請孩子把教室整理好，說「大家現在把東西收起來！」時，孩子動作總是拖拉、邊玩邊收；但當她改成「你們覺得我們今天可不可以用三分鐘完成收拾？我來計時喔！」時，整個氣氛就活了起來。這不是技巧問題，而是語氣讓孩子感覺自己有參與、有挑戰、有合作的可能，而不只是被動地服從。

我們當然知道，家長不可能永遠溫聲細語，也不是每一次都要包裝語言才能開口。重點在於，是否能在關鍵時刻，選擇一種不讓孩子關上耳朵的說法。當你發現自己說出的話孩子總是充耳不聞，或總是回你「等一下啦」、「煩耶」，那就不是孩子單方面的問題，而是這段對話的方式已經出現疲乏。

語言本來就不只是溝通工具，更是關係的編碼。一句話可以拉近，也可以推遠。如果你希望孩子願意聽，那麼不妨先讓他感覺「你想和我一起做這件事」，而不是「你要聽我的做這件事」。這樣的差別，也許只是一個語氣助詞的選擇，一句邀請式問句的設計，但它的效果，往往是把孩子從抗拒中拉回合作的最初起點。

每一段親子互動，其實都是一場語氣的試煉。我們都會累、會急、會失去耐性，但正因為如此，願意在語言裡放入一點點關係的善意，就會讓對話變得柔軟，也讓孩子慢慢學會：合作，不是壓力下的反應，而是被尊重之後的自然選擇。

第三章　合作的啟動鍵：引導而非命令

3-2　用行為語言取代「不准」、「不要」

有一位家長分享，他每天接兒子放學的路上，最常說的一句話就是：「不要跑！」但兒子總是越喊越快，最後還跌倒撞傷了膝蓋。他很困惑：「我明明已經提醒過了，為什麼他就是不聽？」這樣的情境在許多家庭裡都很熟悉。當孩子做出讓我們擔心或不悅的行為時，「不准」、「不要」、「不可以」幾乎成了我們的口頭禪。然而，這些看似合理的禁止語句，往往不僅無效，甚至還可能強化了孩子原本的行為。

這其實並不只是語言選擇的問題，而是牽涉到兒童對語言理解與大腦運作的特性。心理學研究指出，孩子在成長過程中，大腦處理語言的方式與成人不同。當他們聽到「不要丟東西」、「不准吵架」時，他們往往先接收到的是「丟東西」、「吵架」這些關鍵動作，而對「不」這個否定詞反應較慢。換句話說，他們不是在「不做」那件事，而是腦中先浮現了那件事的畫面。

舉個例子，你可以試著對自己說：「現在不要想像一隻穿著西裝的粉紅色大象。」大多數人會發現，大象的模樣已經浮現在腦海中。這就是語言中的「圖像喚起效應」——我

3-2 用行為語言取代「不准」、「不要」

們的大腦在處理否定句時,往往無法立即跳過核心動作而只理解「不要」。而對孩子來說,這樣的效應更加明顯,因為他們的語言與執行功能還在發展中,無法快速轉化抽象的「不要做什麼」成為具體的「那我該怎麼做」。

所以,與其說「不要大聲講話」,不如說「請小聲一點」;與其說「不可以搶玩具」,不如說「等一下輪到你時再拿」。這樣的語言轉換不是繞遠路,而是幫助孩子理解你的期待是什麼。禁止本身無法提供行為方向,而正向語句則像一張地圖,告訴孩子該往哪裡走。

有一次在親職工作坊中,一位媽媽分享,她的女兒總是邊吃飯邊站起來走來走去,她每天喊破喉嚨說「不准邊吃邊走!」但女兒就是不改。後來在老師建議下,她換了一句話:「我們吃飯時坐著,吃完再去玩,好嗎?」短短幾天,孩子竟然真的坐穩了。她說那一刻像是發現了一種密碼——不是孩子變了,而是自己的語言變了。

這樣的「行為語言」有三個特點:具體、正向、可執行。所謂具體,是指你清楚指出要做的動作,而非模糊的「不行」;正向,是指你說的是「該做什麼」,而不是「不能做什麼」;可執行,則是這個指示是孩子能理解、能完成的,不會讓他陷入模糊的選擇困境。

當然,這並不意味著家長從此不能使用「不」這個字。

第三章　合作的啟動鍵：引導而非命令

　　當孩子正面臨危險時，例如衝向馬路、試圖碰觸爐火，那一句明確的「不行！」或「停下來！」仍是必要且有效的。但在日常教育情境中，若我們過度依賴否定語句，會讓孩子在潛意識裡習慣從防衛開始，久而久之，親子對話就會充滿對抗與壓力。

　　還有一個容易被忽略的情況，是家長口中的「不可以」，其實只是自己情緒上的反射。例如孩子想幫忙洗碗、幫忙掃地，家長可能會直覺說：「不行啦，弄得更髒！」、「不要動那些東西，小心打破！」這些回應看似保護，其實無形中也扼殺了孩子的參與感與學習動機。若能改成「這部分我來，你幫我把碗擦乾好嗎？」或「你想一起幫忙嗎？我們先講好怎麼做」，孩子的行為就能被引導到合適的位置，而非被否定而終止。

　　語言的力量，不只在於有效溝通，更在於傳遞關係的溫度。當你用「不准」、「不要」開場時，孩子聽到的是警告與約束；但當你改用「請你怎麼做」、「我們可以怎麼做」時，孩子接收到的是信任與引導。這樣的差異，會在日積月累中慢慢改變一個孩子對自我行為的掌控感，也會形塑他與你之間的互動風格。

　　有些孩子在學齡期前對語言非常敏感，他們不是聽不懂「不可以」，而是習慣在這樣的語氣下先建起一道心牆。有位

3-2 用行為語言取代「不准」、「不要」

國小老師說過:「我班上最不配合的學生,常常是從小只聽得見『不准』的人。」這樣的孩子不是天生叛逆,而是從成長經驗中學會:只要是開頭有「不」的句子,後面就不會有什麼好話。他們不是不想聽,而是早已做好準備反擊。

改變語言習慣需要練習,也需要耐心。你可以從每天選三句常說的「不」字句開始,嘗試把它們改寫為行為語言。比如「不要發脾氣」變成「請你先告訴我你在生什麼氣」;「不准玩水」變成「現在是吃飯時間,吃完再來玩」;「不可以打人」變成「如果你生氣,可以說出來,不用動手」。這樣的轉換看似小,實際上是在用語言為孩子建立一套具體行為的框架,也讓他學會在界線中找到表達的方式。

孩子需要界線,但更需要清楚的路徑;家長可以堅定,但也可以溫和。當我們不再只是說「不」,而是說「怎麼做」,孩子會更有可能做對,也更願意去做。這樣的語言,才是真正有力量的教養語言——不是控制,而是引導;不是禁止,而是培力。

3-3 從命令到合作：讓孩子參與決策

有位家長說，她的孩子每天放學回家都要花上半小時拖拖拉拉才願意寫功課。她試過溫柔提醒，也試過嚴厲命令，甚至設計了獎勵表單，但效果都不持久。某天，她轉換了方式，對孩子說：「你覺得我們今天要先寫功課再吃點心，還是吃點心後再開始？」孩子想了一下，說：「我想先吃點心，但吃完妳要陪我寫。」那天，他竟然主動拿出作業本，準時坐下來開始寫。她說：「我只是給了他選擇權，沒想到整個氣氛都變了。」

從命令到合作，不是讓家長放棄立場，而是讓孩子有機會參與過程。這種參與，不是形式上的「你來決定」，而是過程中的「我願意聽你說、我們一起想辦法」。當孩子覺得自己的聲音被接納，他的行為動機會從被動服從，轉為主動參與。這不只是技巧，而是一種關係的重組。

在家庭裡，我們常以為「我幫你決定」是對孩子的照顧，尤其在他年紀小、經驗少的時候。然而，真正的學習不在於做出「正確的選擇」，而在於經歷「選擇的歷程」。如果孩子從小就習慣被安排、被決定，他將可能在未來面對複雜

3-3 從命令到合作：讓孩子參與決策

情境時，缺乏自我決策的練習與信心；相反地，當他從小就被鼓勵參與討論，即便只是決定今天的衣服、放學後的順序，這些經驗都在悄悄訓練他的選擇能力與責任意識。

研究顯示，兒童在有選擇權的情境中，不僅合作意願較高，也更願意承擔後果。這是因為決策權不只是權利，也是一種責任的啟動。當孩子參與的越多，他就越有理由去守住那個選項，而不是覺得「你要我這樣做，我只是配合」。這樣的心態轉變，是合作的基礎，也是一段關係中最值得培養的內在動力。

當然，參與決策不代表放任。家長的角色依然是提供選項與設限。例如「今天晚上要先洗澡還是先收玩具？」比起「你想不想洗澡？」多了方向性與界線感。給孩子選擇，不是讓他為所欲為，而是在合理範圍內給予選擇空間。這樣的設計，不僅減少對立，也讓孩子更容易進入任務狀態。

有位老師提過，她的班上曾針對段考前的複習方式進行討論。原本她已經決定好複習題目與講解順序，但她改變策略，讓學生分組討論：「你們覺得哪一單元最需要加強？我們可以怎麼安排時間比較有效？」最後她根據學生回饋調整內容，學生的參與感大幅提升，整體複習氛圍也變得主動許多。這讓她體認到：參與感不是只有溫馨家庭才有需求，它在任何需要合作的場域都至關重要。

第三章　合作的啟動鍵：引導而非命令

　　有時候，我們不願意讓孩子參與決策，是因為不相信他們能做出「對的選擇」。但這樣的預設其實反而剝奪了孩子練習選擇的機會。如果我們總是在他做出選擇前就介入阻止，那他學會的將不是判斷，而是依賴。與其害怕錯誤，不如陪孩子一起修正。真正有力的教養，不是幫他避開每一次跌倒，而是在他跌倒時還能站在原地陪他一起檢視：「這次我們學到什麼？」

　　當孩子習慣在對話中有一席之地，他也會更願意傾聽你的立場。這種互相，不是讓誰妥協，而是彼此靠近的過程。有經驗的家長會發現，當孩子覺得被尊重，他們反而更願意主動提建議、修正錯誤，甚至反過來提醒家長：「我們不是說好先吃完飯再看電視嗎？」這不只是順從，而是自我管理的雛形。

　　我們希望孩子在未來能夠負責、獨立、有主見，那麼最好的起點，就是從今天的每一個選擇開始。從小事做起，讓他參與早餐想吃什麼、今天功課想怎麼安排、這週想學哪一種才藝。不是讓他決定一切，而是讓他在你設下的框架內，學會選擇與承擔。這樣的家庭氣氛，不但能降低命令帶來的對抗情緒，也會讓彼此更有安全感，因為你們是在合作，而不是在較量。

　　從命令到合作，也是一種教養哲學的轉變——從「讓

孩子聽話」到「讓孩子參與」。我們不只是要孩子乖,而是要他們有能力、願意思考、有機會練習自己的人生小選擇。當這樣的氛圍養成了,他們會更願意聽你說話,不是因為你是家長,而是因為你是那個願意聽他說話的大人。

參與的感覺,就是被信任的感覺。而被信任,是孩子成為自己的起點。

第三章 合作的啟動鍵：引導而非命令

3-4 預告比命令有效：
時間感與心理緩衝

「馬上把電視關掉！現在就去洗澡！」幾乎每個家庭都曾出現過這樣的聲音，而幾乎每個孩子也都曾在這樣的指令下皺眉、拖延，甚至反抗。對家長來說，這不過是一句「提醒」或「要求」；但對孩子而言，這樣的突襲就像是一場未經通知的撤離命令，不只中斷了眼前的專注，更打亂了他內在尚未結束的情緒流程。

許多大人並不曉得，對孩子來說，從一件事情過渡到另一件事情，是需要心理準備的。這種準備不僅包括時間感的建構，更包含情緒的收束與認知的轉換。如果家長能在轉換前給出清楚的預告，孩子的配合度通常會大幅提升。反之，當指令來得突然又強硬，就算孩子原本沒有抗拒，也可能因為被打斷而產生反彈心理。

在兒童發展心理學中，這種心理過渡需求被稱為「情境轉換期」。孩子的大腦尚未完全發展到可以迅速切換任務狀態，尤其當他正在從事一項高度投入的活動（像是玩積木、畫圖、看動畫）時，突然要求他「立刻停下來」，就像強行關掉一臺還在運轉的機器。他的行為抗拒，往往不是反叛，而

3-4 預告比命令有效：時間感與心理緩衝

是因為內部的切換齒輪卡住了。

研究也發現，預告型的語言能夠有效減少孩子的反抗行為。當孩子知道「還有 5 分鐘就要收玩具囉」或「等一下吃完這一片吐司，我們要準備出門了」，這些語言會讓他在心理上產生一種「我有時間準備」的感受。這不只是技術，更是一種信任的建立 —— 家長願意提前告知，代表他尊重孩子的節奏，也願意等候孩子的調整。

有一位幼兒園老師分享，她班上有個特別敏感的孩子，每次下課要收玩具都大哭。老師試著在收玩具前 10 分鐘，用簡單語句預告：「我們再玩 10 分鐘，等時鐘的短針走到這裡，就要開始整理喔。」並配合一個視覺時鐘讓孩子能「看見時間流動」。兩週後，這個孩子不再崩潰，而是能主動開始收拾。她說，這不是訓練，而是讓孩子「感到有控制權」。

「預告」的本質，是提供一種心理緩衝。它讓孩子的情緒有一個安全著陸的跑道，而不是被直升機式空投到下一個指令中。舉例來說，與其在用餐時間突然喊「立刻關掉平板」，不如提前說：「你還有 10 分鐘的影片時間，之後要一起吃飯囉。」當孩子聽見這樣的語句，他不是被迫交出控制權，而是被邀請參與轉換的過程。

家長們常會有一個疑問：「我如果每件事都這麼溫柔提醒，會不會變得太寵？」事實上，預告並不是放任，也不是

第三章　合作的啟動鍵：引導而非命令

放棄原則，而是調整提醒的方式。你依然可以堅持該有的界線，但方式不必帶著壓迫感。比如「等你穿好鞋，我們就出發」比「你怎麼還沒穿好！」更有效率，也更能穩定彼此情緒。這不只讓孩子安心，也讓家長少了火氣。

當然，預告的效果也需要建立在一致性上。如果你總是說「五分鐘」，但每次都變成「十分鐘」、「十五分鐘」，孩子很快就會學會：這個時間不是真的。他會開始挑戰界線，因為他不相信你說的就是你要的；相反地，當你能清楚而堅定地執行約定，就算一開始他會不情願，長久下來他會知道：「我有選擇的空間，但不是沒有規範。」

另一個預告的關鍵，是搭配「選項」。例如：「等一下關掉電視之後，你想先洗澡還是先寫功課？」這樣不但讓孩子準備好迎接轉換，也讓他在下一步中有參與權。這些微小的設計，都是促進孩子自主合作的催化劑。你不是在命令，而是在陪他設計生活的節奏感。

有位單親爸爸曾說，他最大的轉變，是從「控制時間」到「引導節奏」。他說以前每天都像在打仗，催著孩子吃飯、洗澡、睡覺，最後兩人都累。他後來試著用預告語言，例如：「等你刷好牙，我們來講故事」、「吃完這碗飯，我們來一起準備明天的衣服」，原本的命令變成了互動。孩子也從原本的抗拒變成期待，因為那不再只是「你要我做什

3-4 預告比命令有效：時間感與心理緩衝

麼」，而是「我們要一起完成什麼」。

時間觀念的建立，不是靠一再催促，而是靠有節奏的陪伴。孩子在一次次的預告中，學會了等待、準備與自我調整。他的配合，不再只是怕被罵，而是源自於對節奏的熟悉與信任。這樣的合作，才是內化而非壓制。

真正有力量的語言，不是最響亮的命令，而是最讓人安心的預告。當孩子知道改變即將發生，而且自己有時間準備、有參與空間，他不只是配合，而是在學習如何與世界交涉。你不只是提醒他現在該做什麼，更是在教他如何迎接下一步的人生節奏。

合作，從來都不是強制的結果，而是理解與預備之後自然產生的回應。而這樣的合作，從一個簡單的「等一下五分鐘」開始。

第三章　合作的啟動鍵：引導而非命令

3-5　建立生活節奏的儀式感

每天晚上，一對父子總會在睡前進行一個「故事選書」的固定流程。孩子會從書架上挑一本書，然後一起窩進棉被裡，由爸爸唸一段，孩子接著唸一句。他們不見得每次都唸完，有時也會聊著聊著就睡著了。但這段時間，不只是為了讀書，更是一種為彼此保留的默契時光。那位父親說：「我發現，只要我們有完成這個小儀式，孩子就會比較安心入睡，也比較不容易抗拒睡覺。」

所謂「儀式感」，不一定要隆重，而是指那些有規律、可預期、帶有情感意義的小行為。它們可能是每天吃完晚餐後的 10 分鐘對話，可能是每週固定一次的家庭遊戲夜，也可能是早上出門前的擁抱與一句加油。這些看似簡單的重複，其實就是生活節奏的骨架，也是情感連結的暗號。

對孩子來說，日常生活中最大的安全感來自「可預測」。越是能掌握自己的生活節奏，他就越能安心投入，也越容易合作。當我們把日常中某些時段轉化為有情感意義的儀式，就等於為孩子提供了一個「心理的導航圖」。他知道接下來會發生什麼，也知道他在其中的角色是什麼，這份穩定感會轉化為行為上的主動與穩定。

3-5 建立生活節奏的儀式感

許多家長以為,要讓孩子聽話,就必須靠獎懲、規範、或不斷提醒。但其實,比起強制性的管理,真正持久的自律來自於「節奏的熟悉」。當孩子習慣每天早上 7 點半刷牙、8 點出門、下午 4 點寫作業、晚上 8 點關燈睡覺,他的身體與心智就會自然配合這個節奏運作。這樣的內在節奏不是靠外力拉扯出來,而是透過日復一日的穩定互動養成的。

有一位媽媽分享,她的孩子原本每天早上起床都像打仗,要拖、要叫、還會鬧脾氣。後來她決定不再吼叫催促,而是創造了一套「早晨小儀式」:媽媽先播一段輕音樂當作起床提示,接著給孩子準備一杯溫開水,然後兩人一起倒數五秒起床。這樣的儀式讓早晨從「戰場」變成「起跑點」,孩子不再排斥起床,反而開始期待那段專屬於他們的小互動。

這類經驗說明,儀式感不是多花時間,而是創造「期待感」。它讓原本枯燥或讓人抗拒的活動變得有意義、有情感溫度。像是洗澡前玩一首固定的歌、寫作業前點一盞燈、吃飯時彼此分享今天最喜歡的一件事,這些都是節奏感與連結感的共同建構。對孩子來說,這些固定的安排不只是生活習慣,更是一種訊息:「我在這裡、我們在一起、這是屬於我們的時刻。」

從大腦發展的角度來看,穩定的生活節奏能幫助孩子調節情緒、建立時間感、強化專注力。尤其對年紀較小、尚未

第三章　合作的啟動鍵：引導而非命令

具備抽象時間觀念的孩子而言，生活中的具體節奏與視覺化的流程圖（例如行程表、圖像卡）可以提供更具體的預期感。當他知道接下來會發生什麼，他的焦慮感就會降低，行為也會更穩定。

當然，儀式不是控制，也不是形式上的安排，而是情感的容器。我們不需要安排一整天都充滿行程表，但可以挑選一些關鍵時段，設計適合家庭文化與孩子特性的節奏。像是放學回家後的一杯飲料時間，讓孩子自然切換從學校到家的心情；或是每週一次的家庭晚餐時間，關掉手機、聊聊這週彼此最煩惱與最開心的事，這些都是無價的親子投資。

有時，儀式也能是關係修補的橋梁。有對母子曾經關係緊張，講沒幾句話就吵架。後來媽媽提議，每晚睡前他們一起寫日記，但不是寫給自己，而是寫給對方。媽媽寫「今天看到你幫妹妹倒水，我覺得你很貼心」，孩子回「謝謝妳今天來學校接我」。短短幾句話，卻慢慢拉近了原本緊繃的距離。這不只是溝通練習，更是一種「我們還願意靠近彼此」的象徵。

當孩子逐漸熟悉這些有情感色彩的節奏，他不再只是「完成任務」，而是「參與關係」。他不再只是配合，而是內化這些節奏為自己的生活模式。這也是為什麼，生活節奏與合作行為常常是正相關的──當孩子知道怎麼過一天，他

3-5 建立生活節奏的儀式感

也就知道怎麼與他人合作完成這一天。

若你發現孩子總是抗拒日常作息、經常拖延或情緒起伏大,與其從規範下手,不妨從節奏與儀式感重新檢視。不是加強管理,而是重建預期;不是強化命令,而是重塑連結。當生活裡有了穩定的節奏、有意義的時段,孩子會在這些「熟悉而安全」的片段中,找到合作的動機與內在秩序。

你不需要變成時間管理大師,也不需要讓生活像軍隊一樣井然,只要從每天固定的一杯水、一句話、一段歌開始,就足以種下節奏感的種子。而那顆種子,會在孩子的生活裡,長出他對秩序、對合作、對生活本身的信任。

真正的合作,從來不是被逼出來的,而是在熟悉的節奏裡被滋養出來的。

第三章 合作的啟動鍵：引導而非命令

第四章
避免懲罰陷阱：
有效的界線建立

第四章　避免懲罰陷阱：有效的界線建立

4-1　懲罰教會了什麼？

一位媽媽分享，有天她的女兒在客廳玩積木時，不小心把水打翻在地毯上。媽媽當下大聲責備她：「妳怎麼這麼不小心！還敢笑？」女兒一愣，原本開心的臉瞬間垮下，然後默默開始收玩具。當媽媽覺得這次「教訓有效」，女兒卻從那天開始，每次玩完東西都會自己收好──不是因為變得更有責任感，而是因為她不想再被罵。

這就是懲罰經常帶來的誤解：表面上看起來孩子變乖了，實際上他學會的可能不是自律，而是避免衝突的策略。從大人角度來看，懲罰是「讓孩子知道錯在哪裡」；但從孩子的角度來看，懲罰更常傳遞出的是：「我做錯事＝我不被愛」、「我有情緒＝我會被處罰」、「不要被發現就沒事」。這些潛藏的訊息，比我們以為的更深刻地影響孩子的行為與自我認知。

心理學家亞伯特・班杜拉（Albert Bandura）曾指出，孩子對行為結果的學習，不只是來自於具體的獎懲，而是來自於對這些後果的「詮釋」與「歸因」。也就是說，一個孩子受到處罰時，他並不會直接內化「這件事是錯的」，反而可能內化「我這個人不好」、「我不能讓人看到我錯的樣子」。當

4-1 懲罰教會了什麼？

懲罰變成教養主軸時，孩子學會的，不是更有規範感，而是更會掩飾與逃避。

以一位國小男孩的例子來說，他因為在學校考試作弊被發現，回家後被家長關在房間一整晚、不准吃晚餐。這樣的處罰確實讓他之後不再在考試中作弊，但他並不是因此建立了誠實的價值觀，而是變得更擅長隱瞞。他在之後的考試會避開監考老師的視線，甚至發展出「怎麼作弊不被發現」的技巧。從外表看，他「守規矩」了，實則是學會了更精緻的防衛機制。

這正是懲罰的第一個風險：它可能暫時壓制行為，但無法改變動機。在許多親職研究中，這類以懲罰為主的管教方式，與孩子未來的焦慮感、社交退縮，甚至對親密關係的恐懼傾向呈正相關。當孩子在成長過程中經常被懲罰，他會逐漸形成一種「錯誤等於危險」的思考模式，進而導致過度自我防衛，或完全否認錯誤以逃避後果。

懲罰的第二個風險，是它常常把「犯錯」簡化成「壞」。當孩子在犯錯中只被標籤、否定，卻沒有被理解與協助，他很容易將一次事件內化成自我認定。例如「我做錯事＝我是壞小孩」、「我被罵＝我沒價值」。這些訊息一旦深入孩子的自我建構，就不再是行為上的修正問題，而會演變成長期的自尊傷害。

第四章　避免懲罰陷阱：有效的界線建立

在一項針對青少年的焦點訪談研究中，許多受訪者提到：「我最討厭爸媽說『我這麼兇是為了你好』，我只覺得他們就是在發洩情緒。」這些青少年說出的，不只是對懲罰的反感，而是對「懲罰背後情緒動機」的高度敏感。他們其實知道自己做錯了，但他們也看得出，大人不是在協助他們理解錯誤，而是在釋放自己的失控。這種經驗會讓孩子對大人失去信任，也失去在錯誤中學習的機會。

那麼，我們真的不能懲罰孩子嗎？不是不能，而是要重新思考「為了什麼而懲罰」。如果一個行為本身需要被界線清楚規範，例如打人、破壞物品、威脅他人安全，那麼適度的後果安排是必要的。但這個後果不該是羞辱、情緒勒索或激烈的剝奪，而是應該具備三個要素：明確性、一致性、與可預期性。也就是說，孩子要事前知道「這樣做會有什麼結果」，而不是事後才因為情緒被懲罰。

舉例來說，如果孩子在餐廳吵鬧干擾他人，與其當場大聲斥責「你這樣很丟臉」，不如事前就和孩子說好：「如果在餐廳太吵，我們會提早回家，改天再吃。」這樣的做法讓孩子知道界線，也明白後果是由他行為而來，而非大人情緒失控的結果。這樣的「自然後果」（natural consequences），比單純的懲罰更能幫助孩子建立行為與責任之間的連結。

此外，我們也要區分「行為的後果」與「情緒的懲罰」。

4-1 懲罰教會了什麼？

許多家長在孩子犯錯時，除了安排後果，還會附加冷處理、沉默、不理會等情緒壓力。這些懲罰雖然看似不暴力，卻往往對孩子的心理傷害更深。孩子可能因此認為：「錯了＝不值得被愛」，而不敢再認錯。久而久之，犯錯不再是學習的機會，而成為一種必須逃避的風險。

孩子會犯錯，就像大人會出錯一樣。犯錯不是問題的源頭，而是學習的入口。我們真正該教的，是如何從犯錯中回頭、從經驗中累積行為的選擇力。懲罰若無法帶來這樣的學習，而只是留下恐懼與隔閡，那麼它教會孩子的，只會是「躲得過，就沒事」。

好的界線不是靠嚇出來的，是靠信任與理解建立的。而懲罰若要有意義，就必須是一種負責任的回應，而不是一種情緒性的爆發。只有當孩子相信「錯了也可以被好好對待」，他才會願意真誠面對錯誤，也才會有真正改變的可能。

第四章　避免懲罰陷阱：有效的界線建立

4-2　設限不等於控制

了解懲罰的副作用後，我們回到另一個常見的掙扎場景。

在親職講座中，常有家長困惑地問：「我不想當那種什麼都管的家長，但孩子若什麼都不管，又怕他越來越沒規矩。」這樣的掙扎反映出一個常見的迷思——我們以為「自由」與「管教」是對立的選項，不是寬鬆放任，就是嚴格控管。然而，真正健康的親子界線，其實不是站在這兩極之一，而是介於兩者之間的「有框有愛」：有原則但不壓迫，有彈性但不混亂。

設限與控制的最大差別，在於動機與關係定位。控制是以大人為中心，追求「立即配合」為目標；設限則是以孩子的發展為核心，追求「長期穩定」為方向。當我們用控制式語言來介入孩子行為，例如「你不准這樣！」、「我說不行就是不行」，其實潛藏著一種關係訊息：「我說了算，而你沒有選擇」。這會讓孩子感受到的是權力壓制，而非安全感。

相對地，當我們用設限的方式引導，例如「這件事我無法同意，因為它會影響到別人」、「你可以生氣，但不能打人」，訊息就轉變為：「我理解你的狀態，但我們仍有界線」。

4-2 設限不等於控制

這樣的語言兼顧了尊重與規範,不是單純告知「你不可以怎樣」,而是讓孩子理解「為什麼不可以」。這種理解,是建立自律的基礎,也是孩子日後發展價值觀的種子。

一位爸爸曾分享他的轉變。他的兒子在遊戲時間結束後總是賴著不肯收玩具,以前他總是高聲命令:「立刻收好,不然下次不准玩!」結果不是哭鬧就是拖延,氣氛經常緊繃。後來,他開始改用設限語言:「我們約好玩到七點,現在七點到了,我們可以一起收,這樣下次才能再玩。」他驚訝地發現,孩子雖然還是有些不情願,但情緒穩定得多,也比較願意配合。原因不在於話變得溫柔,而是那份「事前說清楚、事後不懲罰」的設限邏輯,讓孩子感受到公平與可預期。

設限要有效,必須具備三個基本條件:清晰、可執行、能被預見。所謂清晰,是指界線本身不能含糊。例如「你不要太晚睡」這樣的界線就過於模糊,孩子無法明白具體標準;相對地,「我們平日十點前上床,週末可以到十點半」,就明確許多。孩子知道該遵守什麼,也知道彈性在哪裡。

可執行,則是指這條界線要能被現實操作。若家長訂下「每天只能玩 30 分鐘電動」的規則,但自己無法確實關掉裝置或陪孩子執行,這條界線就會淪為口號。孩子觀察到「說是一回事,做又是一回事」,界線自然就失去了效力。

第四章　避免懲罰陷阱：有效的界線建立

　　至於「能被預見」，則是指設限不能隨機變動。今天被允許的行為，明天卻被責罵；或者在家裡可以，在外面又不行。這種不一致會讓孩子陷入混淆，長期下來容易導致兩種極端反應：一是過度討好，想方設法迎合家長期待；二是乾脆破罐子破摔，因為反正怎樣都可能被罵。這兩者都不是健康的行為內化，反而削弱了孩子對界線的信任。

　　設限也不是只有「不能做什麼」，更重要的是提供孩子「可以怎麼做」的選項。當我們只說「你不准頂嘴」、「你不可以亂花錢」，孩子學會的可能只是壓抑與害怕；但若我們接著說：「如果你生氣，可以先去房間冷靜一下再說清楚」，或「我們可以一起訂一週的零用金分配表」，孩子就會知道：界線不是壓制，而是學習如何運用自由的起點。

　　也有不少家長擔心：「我設下界線，孩子還是不遵守，該怎麼辦？」這時，我們要區分「界線的堅持」與「情緒的回應」。當孩子挑戰界線，例如明知規則卻依然違反，我們可以溫和但堅定地回應：「我們的約定是這樣，如果你選擇不遵守，那就表示今天的手機時間結束了。我知道你現在不開心，我可以陪你一起難過一下，但決定不會改變。」這樣的語氣讓孩子知道：大人不會因情緒失控，但也不會因情緒妥協。這樣的設限，才真正具備教育意義。

　　設限不是剝奪，而是保護。它是一種界定界線的愛，而

非限制選擇的懲罰。有位心理師曾說:「界線感強的孩子,內心反而最自由。」因為他知道世界是有邊界的、人際互動有規則、做錯事有後果,但這些不是為了打壓他,而是為了讓他在安全中探索、在秩序中成長。

設限的關鍵,是在「關係中」設定,而非「關係外」強加。當你是站在孩子身邊的人,而不是站在他對面的人,這些界線會被感知為支持,而非阻礙。最好的界線,是讓孩子知道自己該往哪裡走,也知道如果偏離了,依然有人會陪著他找回方向。

設限不是控制,而是對未來的承諾。當我們給孩子一個清楚又有溫度的界線,就是在說:「我相信你做得到,也相信你值得被尊重,即使在錯的時候。」

第四章 避免懲罰陷阱：有效的界線建立

4-3 後果與報復的分界線

當孩子犯了錯，大多數家長的第一反應常是：「那就得付出代價。」這個想法看似合理，甚至帶有一種社會化教育的正義感。但若仔細探問這個「代價」是什麼，我們會發現，它有時是幫助孩子學習的鏡子，有時卻是家長情緒的出口。界線就在於：你讓他承擔的是「自然的後果」，還是「你情緒加工後的報復」？

有位媽媽分享過這樣一個經驗。她的兒子在客廳玩球，媽媽提醒過幾次「不要在室內丟球」，但他還是失手打破了杯子。媽媽當下非常生氣，大吼：「你完了！這一個月的零用錢都別想要了！」孩子當場愣住，眼眶泛紅。這位媽媽後來說：「我不是沒道理，我只是希望他記住這件事有多嚴重。」但問題是，孩子真的從中學到「物品要小心」這件事了嗎？還是只學到：「媽媽生氣的時候會讓我很難過」？

後果與報復最大的差異在於目的。真正有教育意義的後果，是讓孩子透過自己的行為結果理解行為邏輯、調整判斷能力；而報復性的處罰，則是為了發洩憤怒、表達權威，讓孩子「知道錯了」，但不一定「知道錯在哪裡」。前者是學習，後者是教訓；前者能培養責任感，後者可能只留下恐懼與疏離。

4-3 後果與報復的分界線

　　心理學家區分了兩種重要的後果概念：自然後果與邏輯後果（logical consequences）。自然後果是指那些行為本身就會產生的直接結果，例如忘了帶外套出門，結果天氣冷而不舒服；邏輯後果則是由大人安排的，但要與孩子的行為合理相關，例如畫畫不收拾顏料，導致之後暫停畫畫活動一週，因為需要時間清潔與整理。

　　這兩種後果的共通點，是具有可預見性與邏輯關聯性，且其目的在於幫助孩子理解行為與結果的連動。而非邏輯後果，如「你不吃飯就罰你不能看電視」、「你今天講話很沒禮貌，這週的零食通通沒收」，雖然短期內可能產生「震撼效果」，但其背後隱含的是權力壓制而非行為導正，孩子只會記得這件事「不值得說出口」，而非「我應該怎麼修正」。

　　在教養過程中，家長難免會有情緒反應，這是人之常情。關鍵在於，我們能不能在情緒升高時暫停自己，問一句：「這個後果，是為了讓他學習，還是為了讓我洩憤？」一位父親說過，他曾在孩子打翻水杯後暴怒，當場沒收他的平板一週。但冷靜後他問自己：「打翻水杯跟平板有什麼關係？」他發現，自己只是不想那麼快原諒孩子，想讓他「痛一次記住」，卻沒讓他學到任何關於物品小心使用的技巧。

　　要避免從後果滑向報復，有三個原則可以作為檢視工具：

第四章　避免懲罰陷阱：有效的界線建立

第一，是否與行為本身有直接關聯？

舉例來說，孩子不按時寫功課，合邏輯的後果是他需要花週末時間補完，而不是被禁止參加戶外教學。前者與任務完成度有關，後者則已經轉化為懲罰與失去社交經驗的威脅，容易讓孩子混淆重點。

第二，是否事前有清楚說明與預告？

當孩子事先知道規則與後果，他所面對的將是一個選擇問題；反之，若後果是家長臨時加碼的「怒火反應」，孩子感受到的則是不可預測的威脅。這不僅會破壞界線的穩定性，也會讓孩子在未來選擇隱瞞錯誤而非承認錯誤。

第三，是否保留了修復的空間？

有教育功能的後果，應該提供孩子挽回的可能。像是「打翻水杯後請你擦乾地板」、「把妹妹弄哭後請你跟她說對不起並幫她拿衛生紙」，這些都是將行為連結到修復責任，而非僅以剝奪權利來懲罰情緒。

曾有一位老師分享，她班上有個學生上課講話被記警告，照規定必須留下來整理教室。這孩子一開始很不高興，邊掃邊嘟囔。老師沒有責備，只說：「你今天多說了幾句話，也多占了大家一點時間，我們就用一點時間幫班上補回來，好嗎？」那天打掃結束後，孩子主動說：「下次我講少一點

就不用掃那麼久了。」這就是一個讓後果成為學習的例子：不羞辱、不標籤，而是讓他在行動中理解影響與責任。

重要的是，不論後果設計得多合理，孩子都可能會有情緒反應。這時，家長的角色不是「情緒裁判」，而是「情緒容器」。當孩子抗拒、哭泣，甚至爭辯，我們可以這麼說：「我知道你現在很生氣，這個後果不好受。但我們事前有說過，我會陪你一起把這件事做好。」這樣的語言不僅傳達出愛與堅定，也讓孩子在不舒服的情境中感受到陪伴與承接。

說到底，教養不是懲罰孩子不完美的地方，而是幫助他看見自己還可以做得更好的空間。真正有意義的後果設計，是讓孩子在犯錯中找到修正的機會，而不是在懲罰中學會掩飾。當他知道「我做錯事會有後果，但也有人願意幫我一起修正」，這種經驗才會真正內化成責任感。

我們不必當一個永遠不動怒的家長，但可以練習當一個動怒之後仍願意把重心放在教育上的家長。懲罰也許讓孩子暫時閉嘴，後果卻能讓他願意下一次做得更好。這，就是區分報復與教育的起點。

第四章　避免懲罰陷阱：有效的界線建立

4-4　讓規則變成家庭共識

在許多家庭中，規則的存在像是一份單方面的命令書──由大人訂出，孩子遵守。這樣的方式雖然效率高，短期內也能讓家長掌握秩序，但時間一久，規則往往淪為壓力的來源，而非支持關係的橋梁。孩子可能表面聽話，內心卻累積抗拒；也可能乾脆挑戰規則，反正「不是我訂的，我為什麼要服從？」這種情境的背後，反映的正是「規則未能成為共識」。

真正有效的家庭規則，不是來自強制，而是源於參與及理解。當孩子覺得自己是規則的一部分，他就比較容易內化其中的價值，並從中發展出自我管理的能力。建立這種共識，需要的不只是制定條文，更需要溝通、解釋與彈性，讓規則從「應該遵守」變成「我願意遵守」。

首先，讓我們釐清一個觀念：規則不是用來控制孩子的工具，而是讓生活更有秩序的結構。它的功能，就像紅綠燈，目的不是限制人移動，而是讓大家都能安全過馬路。當孩子知道規則的「為什麼」，而不只是「你就是要這樣」，他在面對選擇時，就不會只是逃避懲罰，而是能夠主動判斷什麼是恰當的行為。

4-4 讓規則變成家庭共識

有位家長分享，他的女兒常常邊吃飯邊滑手機，怎麼提醒都沒效。後來他改變方式，邀請女兒一起討論：「我們吃飯的時候可以有點屬於我們的時間，不是只是看影片。妳覺得要怎麼做才比較好？」一開始女兒還是嘟嘴，但最後他們達成共識：吃飯時間手機不在桌上，如果有急事可以提前說。這樣的過程不只處理了行為，也建立了彼此尊重的合作模式。

共識的建立，可以從三個層次進行。

第一層是說明規則的目的。規則若只是「因為我說了算」，孩子自然會產生距離與對抗。但若能明確解釋「這個規則是為了保護你」、「這樣做比較公平」、「這樣大家會比較舒服」，孩子雖然不一定馬上接受，但至少知道這不是無理取鬧，而是有原因的設計。

第二層是邀請參與制定的過程。當規則是「我們一起訂出來的」，孩子的心理位置會不同。他不再只是遵從者，而是規則的共同擁有者。比方說，在討論作息時間時，可以請孩子自己先說出理想的安排，再一起修正為符合現實的時間表。你會發現，當孩子參與討論，他更願意維持規則的穩定，因為那是他「說過要做到的事」。

第三層是設計具彈性的調整空間。家庭規則不是寫在石板上的律法，它應該能因應孩子的年齡、生活變化與狀況調

第四章 避免懲罰陷阱：有效的界線建立

整。當孩子知道這些規則不是「永遠不能談」，他也會比較不會陷入「一旦犯規就是完蛋」的焦慮中。規則的穩定性與彈性之間，其實不是矛盾，而是透過溝通建立出的彈性紀律（Structured Flexibility）。

在實際操作上，家庭可以定期開「家庭會議」，不需要太正式，也不需要硬性安排，只要定期坐下來聊聊：「最近有沒有哪一條規則覺得卡卡的？」、「有沒有什麼地方需要調整？」這樣的機制可以讓孩子學會反思與表達，也讓家長了解孩子的生活節奏是否有所改變、是否需要重新協調。

有位媽媽說，他們家的「家庭會議」固定在每週日下午晚餐後舉行，一次大約 15 分鐘。孩子可以提出對功課、家事、作息的不滿，家長也可以說出觀察到的狀況。他們曾因為弟弟常不收玩具吵了好幾次，後來在會議中決定：「弟弟玩完後要收，哥哥可以提醒一次，但不能幫他收。」這樣的約定後來真的讓兄弟衝突減少，也讓弟弟更清楚自己的責任。

當規則成為家庭共同討論與修正的話題，它不再是壓在頭上的石碑，而是可以調整的路線圖。這種設計不但讓孩子學會表達，也讓他感受到：我在這個家裡是有角色的，我說的話有人聽。

當然，規則的建立不可能讓每個人都永遠滿意，孩子也

4-4 讓規則變成家庭共識

仍可能挑戰底線。但若他知道這些規則是來自共識,而非權威強加,那麼即使當下不開心,他也比較不會走向對抗性的破壞行為。這種「知道自己曾經說過要遵守」的經驗,是內在責任感的起點。

說到底,規則不是為了防止出錯,而是為了讓每次出錯時,我們還有機會重新調整與修正。而這樣的修正能力,來自一種被信任的經驗 —— 信任孩子能夠理解、能夠參與、能夠學習成為一個守規矩也能提意見的人。

規則如果只是大人用來控制的手段,那孩子只會想著怎麼逃避;但若規則是一種讓每個人都能好好生活的設計,那孩子會願意維護這個秩序,因為他知道,這是「我們的」規則,而不是「你的」。

真正有力量的界線,是一起畫出來的。那不只是限制,而是一種共同生活的智慧。

第四章 避免懲罰陷阱：有效的界線建立

4-5 當孩子挑戰規則時，該怎麼辦？

不論一套規則設計得多麼完整，終究都會有被挑戰的時候。尤其當孩子開始發展自我意識與邏輯思考能力，他們不再只是被動接受者，而會主動質疑：「為什麼一定要這樣？」、「為什麼我不能那樣？」面對這些提問與抗拒，許多家長會感到挫折，甚至懷疑：「是不是我太放任了？」或「他這樣是不是在故意找碴？」但事實上，孩子挑戰規則不見得是壞事，反而可能是一種成長訊號。

孩子挑戰規則，常有幾種常見情境：一是明知規則卻故意違反；二是嘗試邊界，看規則是否有彈性；三是情緒爆發時拒絕配合；四是認為規則本身不公平或過時。這些行為若被簡化為「不乖」或「故意搗蛋」，不僅忽略了背後的動機，也錯失了和孩子對話的機會。其實，挑戰往往正是孩子試圖理解「我和規則之間的關係」的過程。

當孩子觸碰界線的那一刻，大人的反應至關重要。若家長立刻反擊、指責，甚至懲罰，很容易讓對話從「探索」變成「對立」；反之，若家長一味讓步，也會讓孩子誤以為所有規則都可以談判、都可以無視。真正的關鍵，不在於嚴或寬，而在於是

4-5 當孩子挑戰規則時，該怎麼辦？

否能掌握「回到討論」的主導權，並善用衝突做為教育的入口。

首先，我們要學會辨識孩子「為什麼挑戰」。例如一個孩子明知不能打人，卻在被激怒時動手，與一個孩子因為覺得「弟弟太吵」就不肯輪流分享，是兩種不同的挑戰。前者可能是衝動控制問題，後者則涉及公平感與情緒調節。在回應時，針對行為背後的動機處理，比單就表面違規行為處罰來得更有效。

有位父親分享，女兒有次明知不能在平日打開平板看影片，卻偷偷看了一小時。原本他氣得想馬上沒收平板，但後來冷靜下來後，他問女兒：「妳知道今天不能看影片對吧？那妳怎麼還是打開了？」女兒哭著說：「我今天心情很差，想要放空一下。」這個對話讓他意識到，與其處罰她的行為，不如理解她當時的狀態。最後，他們一起討論出一個備用方案：若真的很需要放鬆，可以提早說一聲，再協調怎麼安排時間。這次事件後，女兒再也沒有偷看，因為她知道自己有出口，也有選項。

這樣的例子提醒我們，當孩子挑戰規則時，不妨試著先問三個問題：

1. 他知不知道這個規則存在？
2. 他為什麼會選擇違反它？
3. 他希望從違規中達成什麼？

這三個問題可以幫助大人釐清：這次事件是教育的缺

085

第四章 避免懲罰陷阱：有效的界線建立

口、情緒的代價、還是關係的反映。了解原因後，才能用對的方法回應——有時候是補充規則的意義，有時候是陪伴他面對情緒，有時候則是修正我們自己訂下的規則方式。

當然，有些違規行為仍需後果處理，但這裡所說的「後果」不是情緒性的懲罰，而是合理可預期的反應。例如若孩子打翻水杯，就必須自己擦乾；若他說好 8 點要關電視卻拖到 8 點半，那麼隔天觀賞時間就需縮短。這種後果是行為連貫的教學，而非一種對錯審判。它讓孩子理解：行為會帶來結果，而非單純為了「讓你付出代價」。

此外，若孩子對規則本身有異議，也不妨開放討論。討論不代表規則就會被推翻，而是給孩子一個參與及修正的機會。當孩子知道他的意見有被考慮，他會更願意在未來遵守即使他不完全喜歡的規則。這種「我有話可說」的經驗，會轉化為對規則本身的信任感。

也有家長擔心，一旦讓孩子談判，他就會得寸進尺。但其實只要大人有清楚的底線，並能掌握節奏，討論反而是建立界線的過程。例如：「我聽得懂你不想那麼早睡的理由，但我們也說好了，10 點是最晚的時間，這點我不會改變。」這種語氣既有理解，也有堅定。孩子在這樣的語境中，會學到一個重要的原則：討論不是為了推翻一切，而是讓我更能

接受我身處的規則。

最後，要記得：規則本來就不是一套永遠正確的答案。孩子會成長，生活會變化，過去有效的做法，未來可能不再適用。大人的彈性與修正能力，其實也是孩子學習如何面對世界變動的樣本。當他看到你願意修正、願意調整，他也會更懂得反思與溝通，不會只用破壞來表達不滿。

挑戰，不一定是威脅；有時候，它只是孩子在問：「你真的有在聽嗎？」而當你願意用一場對話來回應，而不是一紙懲罰，那場規則的衝突，也許就會變成一次關係的修補機會。

真正穩固的界線，不是用來抵抗孩子的，而是用來支持他探索、試錯、回頭與成長的。因為孩子遲早會測試邊界，而我們的任務，不只是畫好邊界，更是陪他走過每一次撞牆、理解、再出發的過程。

每次界線的挑戰，都是孩子在向你確認：我們的關係，是值得信任的嗎？

ны
第四章　避免懲罰陷阱：有效的界線建立

第五章
激發內在動機：
如何讓孩子自發努力

第五章　激發內在動機：如何讓孩子自發努力

5-1　讚美還是鼓勵？

「你好棒！」、「太聰明了吧！」、「真是個小天才！」——這些話語在我們的日常中聽起來再自然不過，尤其當孩子完成一項任務或表現良好時，我們幾乎是本能地想要讚美他。但你是否曾經注意過，有些孩子在聽到這些話後，表情只是勉強一笑？或者，他們開始習慣等待大人表達認可，才願意繼續下一步？這些現象，其實可能透露出讚美語言的潛在副作用。

心理學家卡蘿·德威克（Carol Dweck）在其「成長型思維」（Growth Mindset）理論中指出，當孩子經常聽到的是針對能力的讚美——如「你好聰明」、「你做得好完美」——他們較可能產生固定型心態（Fixed Mindset），也就是認為成功來自天賦，而非努力。這類孩子往往害怕失敗，因為一旦表現不佳，就等於否定了自己過去被肯定的身分。他們會傾向選擇容易成功的任務，避免挑戰，以保住「被稱讚的樣子」。

相對地，若我們用鼓勵的語言聚焦在孩子的過程、努力與策略，例如「你真的很用心思考了不同的做法」、「我看見你不放棄，一直試到成功」，孩子所感受到的，是對行為的

5-1 讚美還是鼓勵？

肯定與對自己的信任。他們更有可能將學習視為一段歷程，而非單一表現，也更願意冒險與嘗試，因為他們知道：即使還沒做到完美，只要有進步，就值得鼓勵。

這並不表示讚美完全無用，而是在於「讚美的焦點」與「語言的意圖」。當我們讚美孩子是為了讓他「變得更努力」，那麼語言必須指向過程；而若我們只是想要讓他「感覺被喜歡」，那麼語言就容易滑向外在形象的強化，反而使孩子依賴外部肯定。

曾有位小學老師分享，她班上有位學生在完成一篇作文後，老師對他說：「這段描寫很細膩，你是不是重新修改過？」孩子點點頭，老師接著說：「我覺得你有特別注意情節的轉折，這是你以前比較少做到的，很有進步。」從那天開始，這位學生主動多寫了好幾篇草稿，不再只是交差，而是開始在乎內容是否能再更好。這樣的改變不是來自一句「你好棒」，而是來自「我看到你做了什麼改變」的精準觀察。

當我們用語言與孩子互動時，其實也在塑造他對自己的內在定義。讚美若過度強調表現與結果，會讓孩子把「好不好」的標準交到別人手上；而鼓勵則是在幫孩子建立一套自我觀察與自我評價的能力。長期下來，前者容易導向依賴、焦慮與避免挑戰；後者則支持出現責任感、自我調整與持續

第五章　激發內在動機：如何讓孩子自發努力

努力的習慣。

當然,有些家長會擔心:「我只是說句你好棒,這樣也不行嗎?」其實問題不在語句本身,而在於它是否能夠連結到具體行為與內在成長。如果「你好棒」後面能接一句「因為你真的有花時間去整理書桌」、「因為你今天主動幫忙照顧弟弟」,那麼這句讚美就不再是空泛的標籤,而是成為具體回饋。

另一個值得注意的是「語言的密度與頻率」。當讚美變成習慣性的反應,它的效果會遞減;但若每一次的鼓勵都建立在觀察與理解上,它的分量就會更紮實。這也是為什麼,說少一點「你好棒」,多一點「我看見你怎麼做到的」,會讓孩子對自我表現有更深刻的感受,也能更清楚自己為什麼被認可。

孩子的內在動機不是憑空生成的,它來自於他是否相信「努力是值得的」、「我有能力影響我的成果」。我們無法幫他建立所有能力,但我們可以用語言幫他看見自己的成長。當孩子聽見的不只是「你好聰明」,而是「你願意嘗試新的方法」;當他感受到的不只是「你被喜歡」,而是「你被理解」,這些語言就會成為他內在動機的養分。

語言是一種看不見的建築,它形塑著孩子對世界與對自我的理解。我們每一次的回應,都是一次價值觀的傳遞。說

5-1 讚美還是鼓勵？

出一個讚美容易，但說出一段能讓孩子成為更好的鼓勵，需要多一點思考與觀察。然而，這樣的語言，才是陪伴孩子建立自我認同與動機系統的關鍵力量。

第五章　激發內在動機：如何讓孩子自發努力

5-2　目標拆解與成就感的累積

　　有時候，我們會對孩子說：「你要更努力一點」、「你應該要有目標」——但對孩子來說，這些話聽起來像是模糊的天空一樣遙不可及。他們也許點頭，卻內心充滿困惑：我要努力什麼？怎麼努力？什麼叫做「有目標」？對於還在發展中的孩子而言，一個大人眼中的「簡單任務」，可能在他們眼裡像是一座看不到盡頭的高牆。真正能幫助他們啟動內在動機的，不是大目標的喊話，而是具體路徑的鋪陳——讓他們知道「我可以怎麼做」，並在過程中一步步體會到「我做得到了」。

　　一位國中導師曾說，她最頭痛的不是成績落後的學生，而是那些成天坐在位子上發呆、對任何事都提不起勁的孩子。這些學生不見得能力不足，而是早就對「努力」失去期待感。她開始嘗試在段考前，與他們逐一面談，請他們不要寫下「考到幾分」這種終點式目標，而是列出「這週每天能讀幾頁」、「今天要完成哪一份講義」這類具體任務。她說：「我發現只要幫他們拆小一點，孩子就比較願意開始。」這些小步驟雖然微不足道，卻能在孩子心中重新建構「我辦得到」的感覺，而這正是動機最初的火種。

5-2 目標拆解與成就感的累積

孩子的內在動機,很大一部分來自於「可掌握感」——也就是他是否覺得自己有能力控制一部分成果。若我們只丟給他一個龐大的目標,而沒有協助他理解如何達成,他很容易在起步之前就先感到壓力與挫折;相反地,當一個目標被拆解成一連串具體而清晰的小步驟時,孩子不僅比較不容易放棄,還會在每完成一個小任務時獲得短暫但明確的成就感。這種「我有進展」的感覺,是自我效能的來源,也是一種持續努力的心理獎勵。

在實務經驗中,許多家長會說:「我家孩子什麼都不想做」、「他好像對什麼都沒興趣」。但當我們細問之下,往往會發現,孩子不是沒興趣,而是不知道怎麼做,也不知道自己做不做得來。有位媽媽說,她女兒常說想學鋼琴,結果報名課程後卻三天打魚兩天晒網。後來她改變方式,幫女兒設計一張「一週彈琴五次,每次 15 分鐘」的紀錄表,還邀請女兒一起設計小圖案來打勾。結果那個月,女兒竟然天天主動打開琴蓋練習,並在月底時跟媽媽說:「我下次要自己畫一張表,換新的圖案。」這個例子告訴我們,孩子其實不是抗拒努力,而是需要一個可以跟上的節奏與能看見成就的步驟。

這樣的策略不需要高深技巧,只要記得幾個原則:目標要能具體拆解、進展要能視覺化呈現、成果要能被記錄與肯定。孩子的學習動力並不總是來自遠大的理想,更多時候是

第五章 激發內在動機：如何讓孩子自發努力

來自眼前那一點點「做到了」的滿足。當這些小小的達成感累積起來，就像一顆一顆石頭，慢慢鋪出通往自我實現的階梯。與其告訴他「你應該要更有責任感」，不如讓他親身經歷「完成一件事後那種踏實感」，這種經驗比任何說教都更有力。

值得注意的是，有些孩子在開始目標拆解的練習後，可能會遇到卡關、拖延甚至中途放棄。這時候大人的角色不是「馬上提醒責任感」，而是幫助孩子回顧：「你覺得是哪一段比較難？」、「要不要把這個部分再拆小一點？」、「我們要不要改一下順序？」這樣的陪伴不只是解決技術問題，更是一種心理支持。當孩子發現「我不是一個人要面對這件事」，他的信心就會再度被喚醒，而不是因為錯過一次就全盤否定自己。

曾有研究指出，孩子若能在目標完成後獲得真實的回饋（例如「你每天都照進度來，這需要很強的自我管理能力」），比單純說「你好棒」更容易促進下一次的努力意願。因為前者強調的是行為與策略的效果，讓孩子知道「我做的這個方法是有效的」；而後者則可能讓孩子依賴大人的肯定，失去對自己行動價值的覺察。因此，當我們看到孩子完成某個階段性任務時，不妨多一點具體的回饋，讓他知道他是如何做到的，而不是只是「做到」而已。

學習過程從來不是一蹴可幾的。對孩子來說，「學會努

5-2 目標拆解與成就感的累積

力」這件事,不是靠意志力撐起來的,也不是靠目標大小決定的,而是從「這一步我跨得過」開始。當每一步都走得穩、每一小段進步都能被看見,他就會更有勇氣走下去。不是因為有人盯著,而是因為他自己想走。

如果我們希望孩子學會自發努力,不是期待他突然變得有責任心,而是從幫他安排「可以達成的步驟」開始。這些步驟不但幫助他打開前進的路,也讓他在路上慢慢建立起「我可以做到」的自信。當這種信心成為一種習慣,努力就不再是一種負擔,而是他選擇的方式。而這種選擇,才是真正來自內在的動機。

第五章　激發內在動機：如何讓孩子自發努力

5-3　內在動機與外在誘因的張力

多數家長都曾在某個時刻陷入這樣的兩難：「到底要不要給獎勵？」例如孩子終於肯每天主動練琴，家長一高興便說：「你這週都沒偷懶，下週帶你去吃你最愛的餐廳！」孩子當下眼睛一亮，行為似乎也更穩定。但不到幾週，孩子開始問：「如果我下次也有練，這次還會有什麼獎勵？」這時，原本自然的行動，似乎變成一場交換。原本的熱情，也悄悄被條件取代。

這樣的經驗說明了一件事：外在誘因的確有短期動能，但它往往也會稀釋甚至取代孩子原本的內在動機。心理學家愛德華・德西（Edward Deci）早在 1970 年代的研究中就發現，當一個人原本因興趣而進行某項活動，若加入報酬機制，反而會削弱他對該活動本身的投入。這種現象被稱為「過度辯證效果」（Overjustification Effect）──當人開始為了外在回報而做事時，會逐漸忘記自己為什麼喜歡這件事。

內在動機，是指來自個體本身的驅動力，例如好奇、挑戰、成就感與自我價值感。相對地，外在誘因則包括物質獎勵、評價、稱讚或社會地位等。在教育現場與家庭互動中，這兩種力量常常交錯作用，也常常產生衝突。孩子做功課，

5-3 內在動機與外在誘因的張力

是因為他想學會新東西,還是因為要換取一張貼紙?他主動收玩具,是因為認同秩序的重要,還是因為想贏得稱讚?這些問題的答案,其實影響了孩子長期學習與自我管理的模式。

我們並非要完全排除外在誘因的使用。有時候,在孩子尚未對一項行為建立熟悉度或成就感之前,外部刺激確實有其推動作用。就像剛開始練鋼琴的孩子,能夠透過每週一點點小獎勵而穩定練習,這未必是壞事。然而,若這樣的外部刺激成為唯一的動機來源,就可能讓孩子對行為本身失去興趣,甚至在失去誘因後完全停止行動。長期依賴外在誘因,反而會讓孩子對學習與努力變得被動與計算。

這也是為什麼在使用外在誘因時,我們必須非常謹慎。一項研究指出,當獎勵與任務表現「高度相關」,且強調「結果」而非「過程」時,會更容易削弱內在動機。舉例來說,若家長對孩子說:「考試考到 90 分就可以打電動」,孩子可能會傾向選擇比較容易的題目、避免挑戰,甚至作弊,因為他關注的是獎勵而非學習。而若家長說:「最近你每天都有努力唸書,我真的看到你的堅持,很讓人佩服」,這樣的語言則回到行為本身,強化孩子對自我努力的認可感。

真正能穩定激發動機的方式,往往來自於「行動背後的意義感」——也就是讓孩子看見,他所做的事與他在意的價

第五章　激發內在動機：如何讓孩子自發努力

值、角色與目標是有關聯的。例如孩子如果覺得參加辯論社是為了訓練自己將來能清楚表達觀點、成為一個能說服他人的人，那麼他的參與將遠比為了校內積分來得持久與主動。而要讓這樣的意義感浮現，則需要家長在日常對話中不斷點出孩子的進步脈絡與自我投入的價值，而非只關注他做了什麼、完成了多少。

此外，我們也該反思，過度濫用外在誘因，常常來自家長的焦慮。當我們太想要孩子立刻有表現、立即見成效，就會不自覺地用各種條件來驅動孩子行動，彷彿只要孩子不配合，就等於我們失職。這樣的心理狀態，其實也在潛移默化中傳遞給孩子一種訊息——「我努力，是為了讓爸媽開心」、「我表現，是為了讓人看見」，久而久之，孩子會對失敗與不被肯定產生過度焦慮，失去從錯誤中學習的能力。

所以，若要真正支持孩子發展出穩固的內在動機，我們應該從以下幾個方向調整互動模式。第一是減少以「結果」為主的讚美，改為聚焦「過程中的投入」與「嘗試的勇氣」；第二是設計讓孩子可以自主規劃的任務，讓他在選擇中感受到控制感與責任感；第三是與孩子一起討論長期目標與價值，讓行動與更大的願景產生連結，而非僅僅為了完成一件事而行動。

我們不能保證每個孩子都能從小就自發熱愛閱讀、運動

5-3 內在動機與外在誘因的張力

或練習,但我們可以營造一種氛圍,讓他知道:努力不一定有馬上可見的好處,但是那份努力,會讓他成為自己更喜歡的模樣。而這樣的內在動力,正是面對未來挑戰最堅韌的資本。

最終,我們真正想給孩子的,不是一份換取成績的條件清單,而是一套關於動機、自主與價值的思考框架。當孩子不再為了誰的期待而行動,而是為了自己的選擇與信念,那麼無論外界如何起伏,他都能在自己的步伐裡找到力量。

第五章　激發內在動機：如何讓孩子自發努力

5-4　允許嘗試與失敗

有一位老師分享，他曾在班上安排一項科學實驗作業，要求學生嘗試設計一個能讓雞蛋從高處落下而不破的保護裝置。學生們興致勃勃地動手做出各式奇想——有人用報紙包裹、有人加上氣球緩衝、也有人設計了降落傘裝置。實驗當天，有一半以上的雞蛋都摔碎了。現場一片哀嚎，有人皺眉、有的想哭，卻也有人一邊笑一邊說：「我早就知道會破，但我還是想試試看。」那位老師後來說：「這堂課，孩子學到的不是保護雞蛋的方法，而是學會怎麼從錯誤中再起來。」

在我們談內在動機與持久努力時，常忽略一個關鍵前提：孩子是否被允許失敗？若一個人總是活在「做錯了會被責怪」、「表現不好就沒有價值」的氛圍中，他的行動將不再來自好奇與探索，而是來自恐懼與壓力。這樣的孩子或許表現看來不錯，卻常伴隨焦慮、自我懷疑，甚至在面對挑戰時選擇逃避。因為在他的認知裡，「犯錯」等於「不被接納」。

心理學家卡蘿・德威克提出的「成長型思維」指出，若一個孩子相信能力可以透過努力與經驗慢慢提升，他就比較能夠擁抱挑戰、容忍挫折，並從錯誤中調整學習方式；相對

5-4 允許嘗試與失敗

地,若他傾向「固定型思維」(Fixed Mindset),也就是認為能力是天生注定的,他將更容易在失敗後產生羞愧感,甚至選擇避免再次面對相同挑戰。

這樣的差異,不只是理論,更是日常對話的累積。有些話語看似無害,卻可能悄悄塑造孩子對犯錯的態度。例如:「你怎麼會犯這種錯?」、「這麼簡單也做不好?」這些語句雖然出自焦急或失望,但傳遞的是「錯了就是不好」的訊息;反之,若我們說:「這次不順利的地方是什麼?你怎麼看?」或「我看到你真的有試過,雖然結果不如預期,但你的方法有些地方滿有創意的」,這樣的回應便能保留孩子嘗試的動能,同時引導他回頭看見值得改進的方向。

在一個允許失敗的環境中,孩子不會一味追求「表現最好」,而會開始追求「進步最多」;他們學的不只是怎麼避免犯錯,更重要的是學會怎麼從犯錯中萃取經驗。這種思維的轉換,不會一夕完成,需要家長與教師在日常互動中不斷練習:用提問代替批評、用描述代替評價、用陪伴代替壓力。

一位家長曾說,她女兒參加作文比賽時沒有得獎,一回家就哭著說:「我是不是寫得很爛?」她的第一反應原本是安慰:「不會啊,妳已經很棒了」,但她突然意識到這句話可能沒真正回應孩子的情緒。她改問:「妳覺得妳哪一段寫得最滿意?哪裡是妳覺得下次還想再調整的?」這樣的對話讓

第五章　激發內在動機：如何讓孩子自發努力

孩子從「我有沒有成功」的情緒中走出來，轉而思考「我下次可以怎麼進步」。

創造安全的努力空間，不代表要刻意淡化失敗的痛感。失敗本來就令人沮喪，有時也會讓人懷疑自己。但若孩子知道，在失敗之後還有理解與陪伴，那麼他會逐漸把這種痛苦視為「可以走過的經驗」，而不是「必須躲避的創傷」。他會慢慢建立出一種信念：我雖然沒有馬上成功，但我可以繼續試，也值得再試一次。

在家庭中，我們可以用一些實際行動支持這樣的氛圍。像是每週設一個「失敗分享時間」，鼓勵全家人說出一件自己最近沒做好的事──包括大人。這不只是讓孩子知道「你不是唯一會犯錯的人」，更是在傳遞一個訊息：犯錯不是恥辱，而是成長的一部分。有位爸爸分享，他曾經在家庭聚餐上說：「我今天開會講錯了一個數字，整個簡報講到一半才發現，但後來我道歉也補上資料了。」他的孩子聽完點點頭說：「那我明天也要跟老師說對不起，因為我昨天沒交功課。」

這些細微的互動，都是安全空間的建構材料。孩子從中學會的不只是容許自己失敗，更是學會如何修正與回應失敗。而這樣的能力，才是真正的抗壓力來源。因為一個人若不怕犯錯，就不容易放棄；一個人若知道怎麼面對錯誤，就比較有勇氣往前走。

5-4 允許嘗試與失敗

　　在學習過程中,真正能夠拉開距離的,往往不是起跑線,而是誰有能力持續練習。而持續的關鍵,往往不在技巧與資源,而在於這樣的信念 —— 我可以失敗,也值得再試一次。

第五章　激發內在動機：如何讓孩子自發努力

5-5　讓孩子對自己負責

一位媽媽曾提到，孩子每天放學回家後的第一件事就是把書包丟在沙發上，然後躲進房間玩玩具。她試過提醒、威脅，甚至獎勵制度，但總是無法改變這個習慣。直到有一天，她改變方式，對孩子說：「如果書包沒放好，我們明天早上可能會找不到作業本，那會耽誤你交功課的時間，你願意自己決定該怎麼做嗎？」孩子愣了一下，隔天早上真的因為找不到聯絡簿而手忙腳亂。那次經驗之後，他開始主動整理自己的東西。媽媽說：「我什麼都沒罵他，但他自己知道這樣不方便，就改了。」

這樣的轉變，來自一種責任感的覺醒 —— 不是為了討好誰，也不是為了避免懲罰，而是孩子意識到自己的行為與結果之間有連動。真正有力量的自我驅動，不是來自外在壓力，而是來自對自我角色的認知。當孩子知道「這是我的事」，他便開始在其中投入注意力、時間與情緒，而不是把一切視為別人強加的任務。

從教養角度來看，責任感並不是一夕之間被建立，而是在一次次的「被交付」與「被信任」中逐漸養成的。我們無法要求一個不曾有選擇空間、不曾參與決定的孩子，突然學會

為自己負責。責任感的生成，不是來自命令，而是來自一種「這件事是由我完成」的經驗累積。也因此，與其不斷提醒孩子該做什麼，不如創造讓他自己承擔後果的情境，讓他知道，自己的選擇會帶來實際影響。

許多家長在面對孩子責任感不足時，會焦急地試圖補位——幫忙收拾、代為完成、代替記得事情——看似體貼，實則剝奪了孩子練習管理自己的機會。有時候，大人需要忍住那份「想讓一切順利」的衝動，允許孩子經歷不順利，從混亂中找出方法，從失敗中學會承擔。當孩子在一件小事上體會到「原來事情要我來處理才會完成」，那份認知才會真正內化成行動。

一位老師曾觀察到，班上有個學生總是忘記帶鉛筆盒，家長每次都在早上趕來學校補送，孩子也就習慣這樣的流程。後來老師與家長討論後決定不再補救，而是請孩子自行借筆，記錄下今天需要處理的狀況。幾週後，孩子不但每天帶齊文具，還主動為班級準備了幾枝備用鉛筆。老師說：「他只是需要一個知道自己可以做到的契機。」

責任感不是服從，而是一種對自己角色的理解與接納。當孩子意識到「我做什麼會影響到別人」、「我說的話會有人當真」、「我的行動有其後果」，他就開始在世界中建立自我定位。這種定位不只來自大人的要求，更來自於日常生活中

第五章　激發內在動機：如何讓孩子自發努力

一次次具體的實踐與經驗。而這正是責任教育與自我驅動的交集：讓孩子在參與中找到自己的角色，並且知道這個角色不是被安排的，而是自己扮演的。

當然，孩子不是一開始就能完美承擔責任。有時候他們會逃避、有時候會出錯、有時候會耍賴。這些反應都很正常，也正是練習的一部分。家長的任務，不是第一時間跳進去「把事情做好」，而是站在旁邊引導、陪伴、提醒。你可以說：「這是你的功課，你打算怎麼處理？」、「這個活動是你報名的，時間你要記得哦。」這樣的語言雖然輕描淡寫，但其中蘊含著尊重與信任，也讓孩子慢慢學會：這些事情與我有關，而不是只是家長管的事。

從心理學的角度來看，責任感的養成與「自主性支持」高度相關。也就是說，當孩子在環境中感受到自己是被允許決定、被期待參與的人，他就更容易發展出對自己行為的掌控感。這種掌控感，才是內在動機最穩定的來源。不是靠讚美，也不是靠懲罰，而是靠一種真實的「我正在做決定」的感受。

家長有時會說：「他還小，怎麼能自己負責？」但事實上，責任感不是成年人的專利，而是從生活細節中一點一滴長出來的能力。你讓他收自己的碗筷、自己記得功課、自己整理書包、自己準備上學用品──這些不是任務，而是他

理解自己與生活之間關係的方式。當孩子知道，這些事「沒有人會替我做」，他就會學著做，雖然過程不完美，但那正是練習的價值所在。

責任感的培養，也意味著大人要學會信任 —— 信任孩子可以、信任錯誤是可以修正的、信任關係可以承受過程中的失敗。唯有如此，孩子才會從「爸媽要我做」轉化為「我自己想要做好」，從而真正建立起內在動機。

當孩子開始對自己說「這是我該處理的事」，而不是「又是你叫我做的事」，那麼他已經踏出了自律、自主與成熟的第一步。而這一步，不是因為他被管得好，而是因為他被信任得夠。

#　第五章　激發內在動機：如何讓孩子自發努力

第六章
自信的根：
接納與讚美的平衡

第六章　自信的根：接納與讚美的平衡

6-1　你誇的是成果還是努力？

　　誇獎的話說出口時，家長往往帶著驕傲與欣慰，但孩子心中真正接收到的訊息卻未必是溫暖與自信的累積。讚美的語言若沒有精準落在努力的歷程上，反而容易讓孩子對成果產生焦慮，害怕下次表現不如預期、害怕讓愛他的人失望。於是，原本是正向回饋的話語，卻在無意中築起了一道壓力牆。

　　在教養現場，我們經常遇見這樣的孩子：表面上對表現要求很高，總是力求完美；但當面臨挑戰或可能失敗的任務時，卻選擇迴避、不敢嘗試。深入了解後才發現，他們對自我價值的認知早已與「成績」牢牢綁定。不是因為他們天生膽小或逃避，而是從小聽慣了「你好厲害」、「你是第一名」的讚美語言，這些話讓他誤以為只有成功才值得被肯定。

　　有位國中導師分享過一段經驗，她注意到班上一些成績中上的學生，明明能力不差，卻在面對新挑戰時顯得特別畏縮。一問之下才知道，他們從小被誇「聰明」、「才女」的次數遠遠高過「你很用心」、「你真的很努力」。久而久之，孩子內心浮現一種隱性的恐懼：「如果我失敗了，是不是就不是那個『大家口中的我』了？」這種恐懼不一定會說出口，卻會悄悄滲透到孩子每一次的選擇裡。

6-1 你誇的是成果還是努力？

更深一層的影響，是孩子開始把愛當成有條件的。如果表現好，就值得被擁抱、被注意；一旦成績不理想，或者沒有達到預期，他們便覺得自己「不夠好」。這種認知極其細微，也很難被大人察覺，但孩子的行為往往已經默默反映出來。當他們在回家路上遲疑是否提及考試結果，當他們刻意不讓家長看到作業錯誤，這些都是他們正在衡量：「現在的我，還值得被喜歡嗎？」

誇讚成果沒有錯，但若忽略了過程，孩子學會的將不再是如何努力，而是如何「維持被讚美的樣子」。一位家長曾分享，女兒在鋼琴比賽中獲獎，家中親戚紛紛稱讚她「天生音樂細胞好」、「一定是很有才華」，女孩起初開心不已，後來卻對下一次的比賽感到無比壓力。當她表現稍有失常時，不是難過，而是羞愧，甚至懷疑自己是否「讓大家失望」。那場比賽之後，她不再願意參加任何公開演奏。

還有一種常見卻容易被忽略的誇讚，是「比較式的肯定」——例如「你比哥哥快好多」、「你表現比班上其他人都好」，這類語言雖然表面上是鼓勵，但實質上引導孩子將價值建立在他人的表現之上。當讚美依賴於勝過別人，孩子學到的就不再是自我肯定，而是競爭與比較。一旦有天不再「領先」，原有的自信很可能瞬間瓦解。長期下來，這樣的孩子也可能對同儕產生敵意，無法享受與人合作的過程。

第六章　自信的根：接納與讚美的平衡

　　與其讓讚美成為孩子表現的指標，不如讓它成為過程的陪伴。這並不表示家長需要刻意避免提到成果，而是要練習將語言的焦點放回努力本身。當孩子完成作業時，我們可以說：「我看到你剛剛一直專心在寫功課，那個態度真的很棒。」當孩子在面對難題時主動提問，我們也能肯定他「願意想辦法找答案，真的很認真面對挑戰」。這些語言傳遞的訊息是：你的行為值得肯定，而不是只有結果才重要。

　　曾有一位老師在課堂上嘗試改變語言方式，她不再單純說「你很棒」，而是會指出孩子具體的行動，例如「你剛剛找出新的解法，很有創意」或「你願意修正自己的答案，這很勇敢」。一學期下來，班上孩子不僅更願意嘗試，也比較能面對失敗，有幾位平時容易退縮的學生，甚至開始主動舉手發表自己的想法。老師說：「這些改變不是突然發生的，而是語言一點一滴累積的結果。」

　　當我們願意改變說話方式，不代表否定過去的愛，而是願意讓愛的語言變得更細膩。與其說「你最棒」，我們可以說「你願意花時間練習，真的很有毅力」；與其說「你果然是個天才」，不如說「你想出這個方法，我都沒想到，好厲害的想法」。這樣的語言不是冷靜無情，而是更能傳遞出我們真正看見了孩子的用心與成長。

　　孩子不是不知道什麼是好結果，他們比誰都明白社會對

6-1 你誇的是成果還是努力？

表現的標準。但在家庭這個最初的情感基地裡，他們需要的不是持續的要求，而是能夠接住他們情緒的空間。他們需要在失敗時有人陪伴、在跌倒時有人看見努力、在成功時有人欣賞他們的過程。當這樣的語言日復一日地出現，孩子會學會一件事：不是因為做對了什麼，才值得被愛，而是因為他一直都在為自己努力，這就夠好了。

有時候，孩子在回到家後輕描淡寫地說：「今天數學小考，我考得還不錯。」這時候，家長若只回應「真的嗎？幾分？」可能無意中把焦點拉回了結果。但若我們願意多問一句：「你覺得自己有哪一題答得特別好？」或是說：「你最近上課都有跟上，讓我感覺你很有準備」，那麼這些語言就像一道光，照見了孩子內在的努力，也為他未來的自我認同種下了穩固的根基。

第六章　自信的根：接納與讚美的平衡

6-2　如何讚美才能不造成壓力？

有時候，讚美並不是出了問題，而是用了錯的時機、錯的方式。表面上看來是正向語言，實際上卻可能在孩子心中悄悄種下壓力的種子。尤其當這些話變成一種期待，孩子開始覺得「我要一直做得很好，才能繼續得到這些肯定」，原本是應該帶來支持的語言，反而成了背在身上的負擔。

一位家長曾經這樣形容自己的兒子：「他什麼都要第一，自己壓力大得不得了。明明我們從來沒逼他，但他好像把我們的讚美當成了條件，覺得做不到就不夠好。」她說這話的時候，語氣裡帶著一種說不出的無奈。仔細回想，她確實很常對孩子說：「哇，你又拿第一，真是太棒了！」、「媽媽真的以你為榮！」這些話本身沒有錯，但當孩子的自我價值逐漸和這些誇獎畫上等號時，他內心就會開始問：「如果有一天我沒有表現得這麼好，爸媽還會以我為榮嗎？」

這類的隱性壓力之所以難以察覺，是因為它從不直接說出口。孩子不會告訴你：「你這樣誇我，我很緊張。」他們只會在面對更高難度的挑戰時遲疑，或者在做不到的時候自責。久而久之，原本只是簡單的讚美，可能會轉化為一種「維持形象」的焦慮：我不能讓人失望、不能讓他們以為我退步了。

6-2 如何讚美才能不造成壓力？

更細膩的情況是，家長給出的讚美其實帶有方向性。像是「你這麼懂事，真是爸爸的好幫手」、「你好貼心，從來不讓我擔心」，這些話聽起來充滿愛意，卻可能讓孩子不自覺壓抑情緒，努力維持「體貼懂事」的角色，哪怕心裡其實並不好受。對於那些天生敏感、容易察言觀色的孩子而言，這樣的語言暗示甚至可能成為一種角色綁定：我不能讓他們擔心，所以我不能說我累、不能說我不喜歡。

一位媽媽談到自己的女兒，說她總是在人前笑得很開心，回家卻很安靜。後來才知道，女兒一直以來都在努力「做一個讓人喜歡的小孩」，因為她從小最常聽到的讚美就是：「妳總是笑咪咪的，大家都很喜歡妳。」這讓她逐漸相信，只要自己情緒穩定、有禮貌、討人喜歡，就能維持那份愛。但當她想表達不舒服、想拒絕時，卻感到困難重重，彷彿那樣的自己會讓人失望。

那麼，該怎麼做才不會讓讚美變成壓力？第一步，是讓孩子知道：你愛的是他這個人，而不只是他表現出來的某個面向。這意味著，當我們說「你真的很貼心」的時候，也能補上一句：「但如果你累了、情緒不好，也沒關係，你不用一直當貼心寶貝。」這樣的語言，讓孩子有空間卸下角色，也懂得自己的價值不取決於是否讓人滿意。

第二步，是調整我們的回應習慣。很多時候，我們太

第六章　自信的根：接納與讚美的平衡

快地用「好棒喔！」、「你最厲害！」這種慣性語言來回應孩子，卻忽略了他真正希望被看見的，其實可能是一段努力、一個想法、或是一點點進步。與其一股腦地讚美，不如先觀察孩子在意的是什麼，然後用具體而貼近的話語回應他。

例如，孩子主動幫忙整理餐桌，我們可以說：「我看到你主動把椅子推好，讓人覺得很舒服，謝謝你。」這句話不但具體，也沒有給他貼上「乖孩子」的標籤，而是讓他感受到：我做的這件事被看見、被珍惜。如果哪天他沒有做同樣的事，也不會因此覺得自己變「不乖」了，因為我們給的是行為的回饋，不是對人格的評價。

有些孩子在被誇獎後會顯得靦腆，甚至說「還好啦」、「沒什麼」。這不一定是謙虛，有時反而是因為他們不知道該怎麼接住那些話。他們可能不確定，自己是不是真的那麼好，或是害怕無法一直維持下去。這時我們不妨試著放慢語速，改成對話式的方式，例如「你覺得這次哪裡做得不錯？」或者「你這樣安排時間，很不簡單耶，是怎麼想到的？」這樣的語言不是單方面的讚美，而是邀請孩子一起參與回顧與感受，讓他有機會內化對自己的肯定。

有時，家長會擔心：「那這樣是不是不能誇他了？」其實不是不能，而是要誇得有溫度、有方向、有餘裕。真正有效的讚美，是讓孩子感到被理解，而不是被定義。當我們能

夠放下「要讓孩子進步就得激勵」的焦慮，轉而去欣賞他每一次微小的努力和真誠的表現時，我們也正悄悄地幫助他建立一種更深層、更安穩的自我價值感。

最後，不妨回頭問自己一個問題：我希望孩子記得什麼？是一個總是被誇「很棒」的自己？還是一段與我分享喜悅、被真誠看見的經歷？當我們選擇後者，也就選擇了讓愛不再變成壓力，而是成為他走向世界的底氣。

第六章　自信的根：接納與讚美的平衡

6-3　錯誤也是學習的一部分

孩子的學習過程中，錯誤從來不是例外，而是必經的軌跡。問題不在於他們會不會犯錯，而是當錯誤發生時，我們怎麼回應。一個眼神、一句話，都可能成為孩子對「失敗」的第一個印象，也將深深影響他們是否敢再試一次、是否願意從挫折中學習。

有個五歲孩子在學習寫字時，經常寫錯筆劃。有一次，他寫了一個反過來的「人」字，轉頭看著媽媽說：「我是不是寫得很爛？」那是個讓人心疼的瞬間。他的問題背後，其實不是真的想知道那個字有多醜，而是想知道：「這樣的我，妳還看得下去嗎？」孩子對錯誤的感受，不只是技術層面，更是關係的探測。他想確認，當我不完美的時候，你是不是還在這裡。

在許多家庭中，錯誤被視為需要糾正，甚至懲罰的事情。當孩子做錯事，我們很自然會說：「怎麼又來了？」、「你不是說過要記得嗎？」這些話聽起來只是提醒，但落在孩子耳裡，很可能變成：「你怎麼這麼笨」、「你讓我很失望」。久而久之，孩子不再只是害怕犯錯，而是開始害怕自己「變成一個會犯錯的人」，那是一種更深層的自我懷疑。

6-3 錯誤也是學習的一部分

某位家長曾分享，女兒小學時數學成績一直很好，有一次考試不小心漏寫一題，從滿分變成九十分。她當天回家情緒低落，晚餐也沒怎麼吃。媽媽本想安慰她，卻脫口而出：「怎麼會漏看這一題？這不是妳最拿手的嗎？」女兒沒有回答，只是點點頭。後來，媽媽才驚覺，原來她的這句話不是安慰，而是加深了女兒的失落。孩子不是因為錯了一題難過，而是因為她感覺自己「不應該」犯這種錯。

面對錯誤時，孩子最需要的不是說教，而是陪伴。他們要的是一種確認：我可以不完美，但你依然願意相信我、支持我。這份確認，會成為他們面對未來更多挫折時的底氣。當我們在孩子跌倒時，先扶起來再說道理；當他們考得不好，先擁抱再一起面對，那些「我沒被放棄」的經驗，會在心底悄悄種下勇氣。

也有一些孩子，對錯誤顯得過度敏感。明明只是小小的失誤，卻反應激烈，甚至責怪自己。有一位老師提到，班上有個學生只要作業被改錯，就會情緒低落甚至哭泣。後來才發現，他從小習慣了「只有做對，才會被誇獎」的語言模式。一旦沒做好，就等於「沒有價值」。這樣的孩子，活得格外小心、格外怕失手。這種怕，不只是怕挫折，更是怕失去被接納的資格。

那麼，我們可以怎麼做？第一，是讓孩子知道「錯誤不

第六章　自信的根：接納與讚美的平衡

是終點，而是過程的一部分」。當他們做錯，我們可以這麼說：「你願意試，這本身就很棒」、「錯一次沒關係，下一次再看看哪裡可以調整」。這些話不是為了安慰，而是為了重建孩子與錯誤的關係。讓他們知道，失敗不會讓你遠離愛，而是更靠近學習。

第二，是練習跟孩子一起看錯誤的內容，而不是評論錯誤的結果。舉例來說，若孩子拼錯單字，與其說「這太粗心了吧」，不如說：「我們來看看是哪一部分記錯了，好像跟昨天那個字有點像喔。」這樣的語言不只減低壓力，也轉化了學習的氛圍。孩子會發現，錯誤不再是被責備的證據，而是可以被討論、理解的事件。

也有些家庭會用「誰不會犯錯啊」來淡化孩子的挫敗情緒，這當然是出於好意，但有時也可能讓孩子覺得自己的情緒沒被看見。其實我們可以更進一步說：「你覺得這次錯在哪裡讓你最難過？」、「你會不會擔心別人怎麼看你？」這樣的提問，不是要孩子反省，而是幫助他打開心裡的門。當孩子感受到「錯了也可以被理解」，他才有可能放下羞愧，真正從錯誤中站起來。

最後，我們自己也可以當個示範者。當我們不小心做錯了什麼，不妨也在孩子面前坦然承認：「啊，我今天出門忘了帶鑰匙，真的太趕了，下次我要提前五分鐘準備。」這不

6-3 錯誤也是學習的一部分

是為了營造完美家長的形象,而是告訴孩子:「大人也會犯錯,犯錯不是丟臉的事。」這樣的示範,比千言萬語都更有力,因為那是一種身體力行的安全感。

錯誤從來不是學習的敵人,它只是通往成長的其中一站。當我們能給孩子一種「錯了也值得被愛」的空間,他們就能從每一次跌倒中撿起自己,繼續往前。而我們所能做的最重要的事,不是把路鋪平,而是當孩子受挫時,成為他不會害怕回頭尋求支持的那個人。

第六章　自信的根：接納與讚美的平衡

6-4　從比較中抽離

「你看看別人家的孩子，怎麼就能這麼自律？」這句話不一定真有惡意，甚至可能只是無意間脫口而出的感嘆，但它落在孩子心裡時，往往不只是比較，更像是一種否定。每個孩子都渴望被看見，而當他發現自己總是「不如誰」、「沒有誰聰明」、「不像誰貼心」時，他學到的不是努力，而是自我懷疑。

比較這件事，在許多家庭裡幾乎像是本能。尤其當家長手足眾多，或是來自競爭氣氛濃厚的成長背景時，更容易在不自覺中將這樣的語言複製到親子關係裡。「哥哥小時候就會自己刷牙了」、「你表姊以前功課都是自己做的」，這些話常常在好意中出現，想要激勵、提醒，卻也在無形中削弱了孩子的自我認同。孩子會開始懷疑：「那我這樣，是不是就不夠好？」

一位家長分享，自己有兩個孩子，大兒子安靜內向、小女兒活潑外向。起初，她總是讚美女兒「很有活力，去哪都受歡迎」，而對兒子則經常說：「你要學學妹妹，多交些朋友也好。」她以為這樣是鼓勵，直到有天，兒子在日記裡寫下：「如果我也能變成活潑一點，是不是媽媽就會更喜歡

6-4 從比較中抽離

我?」那一刻,她才驚覺,自己原本只是希望孩子能多嘗試,卻讓他以為「不一樣」等於「不被接納」。

比較之所以傷人,往往不是因為別人有多好,而是我們在過程中失去了「看見自己孩子」的眼光。每個孩子的節奏與特質本來就不同,就算學習成績相近,他們理解的方式也可能大相逕庭。有人擅長邏輯分析,有人對圖像記憶特別敏銳,有人話少但細膩,有人充滿想法但需要時間整理。這些特質若被拿來比高低,只會讓孩子越來越不確定自己的位置。但如果被理解為「這是他的方式」,孩子反而會更安心地展現自己。

生活中還有一種常見的比較,是「別人都做得到,你為什麼不行?」這類語言在大人聽來只是事實陳述,卻很容易讓孩子感到挫敗,甚至懷疑自己是不是哪裡有缺陷。事實上,每個孩子的成熟速度都不同,某些行為的出現,本就和年齡、氣質、經驗密切相關。有的孩子語言發展快,有的孩子肢體協調佳,也有的孩子需要多一點時間才能適應新環境。與其急著將孩子放進別人的標準,不如試著觀察他正在往哪個方向前進,在哪些地方已經慢慢展現了自己的方式。

這種比較的氣氛,甚至會蔓延到孩子與手足之間的關係。家庭中不自覺的比較語句,有時也會悄悄影響手足關係,使孩子在看似親密的互動中,產生微妙的競爭與壓力。

第六章　自信的根：接納與讚美的平衡

　　而在當代的孩子成長歷程中，還有一種無形的比較壓力來自社群媒體的渲染。他們在網路上看到其他孩子的作品、成就、生活照，不知不覺也拿自己與這些「最佳版本」相比。即使家長從未明說，孩子早已在心裡自我比較與設限。這時若家庭裡的語言也延續了外界的比較框架，孩子將無所遁逃，只剩下一種結論：「我就是不夠好。」

　　曾經有位老師提到班上一位學生，語文表現平平，卻對植物生長非常敏銳。有次自然課，孩子在校園裡主動指出某株植物葉片變黃，原因竟然是土壤含水量不均。老師當場讚嘆他的觀察力，回家也特地告訴家長。起初家長仍擔心：「但他國語成績還是不好啊。」老師則說：「他有他的強項，只是出現在不一樣的地方。」這句話讓家長第一次開始轉換視角，開始欣賞孩子的獨特而不平凡的敏銳感受力。那之後，孩子的學習狀態明顯穩定許多，因為他知道，自己不是「比不過別人」，而是「有自己的方向」。

　　抽離比較，並不代表放棄期待，而是把眼光拉回到孩子的生命節奏裡。當我們學會在他的表現中看見他正在努力的地方、在他的困難裡看見他正在學習的節點，我們其實正在建立一種真正穩固的信任關係。這樣的信任，不建立在成績單的排名上，也不來自與誰相比的勝負，而是來自一種深刻的認可：你就是你，我願意陪你走這段屬於你的路。

6-4 從比較中抽離

一位家長曾分享自己的轉變過程。她說,過去總是不自覺比較兒子與同齡孩子的語言能力,「我常想,為什麼人家講話那麼清楚,我兒子卻總是慢半拍?」但當她漸漸願意放下這些焦慮,開始細看孩子在其他面向上的表現,例如空間感、想像力與創造性,她突然發現,原來兒子有自己在發亮的地方。她說:「當我不再急著拉他去符合某種標準,他反而開始穩穩地走出自己的樣子。」

有時候,孩子會主動問我們:「你覺得我有沒有比哥哥厲害?」這樣的提問不代表他想爭第一,而是他在尋找自己的位置。如果我們回答:「每個人都有擅長的地方,你有你哥哥沒有的優點。」這樣的回應就像是一塊平穩的土地,讓他可以放心站上去。而不是說:「你只要再努力一點,應該可以像他一樣好吧!」這會讓孩子心裡不斷提醒自己:「我還不夠」。

家長最深的愛,往往是希望孩子能安心做自己。但是這份安心,來自被理解的語言與態度。當我們願意從比較中抽離,不再急著用他人的標準框住孩子的表現,也就開始學會一種更深的親職能力 —— 不是讓孩子變成誰,而是陪他成為他自己。

而要讓孩子真正安心做自己,就必須從他如何理解「我是誰」開始。

第六章　自信的根：接納與讚美的平衡

6-5　自我概念的養成與家庭語境

孩子如何看待自己，很大程度取決於他從小身處的語境。在家庭裡，大人說話的方式、情緒的反應、對孩子表現的描述，都在潛移默化中塑造著他對「我是誰」的理解。這並不是一朝一夕的過程，而是由無數日常時刻所交織出的長期經驗。當我們說「你怎麼總是這樣粗心」，孩子學到的可能不是「這次要更小心」，而是「我就是一個粗心的人」；反之，當我們說「這次你可能太急了，下次有機會慢下來看看」，他學到的是「我有調整的能力」。

自我概念（self-concept）並不是一份簡單的自我介紹，而是一種對自我價值、能力與可被接納程度的整體感受。它不只來自外界的評價，更來自孩子與重要他人互動的累積經驗。尤其是家庭這個最早接觸、最長期相處的場域，對孩子來說，其傳遞的語言與態度會成為內在對話的原型。

曾有位青少年說過：「我有時候覺得，腦袋裡那個罵我的聲音，其實聽起來跟我爸很像。」這句話聽來令人心酸，卻也道出一種真實。當孩子從小經歷的是高標準、嚴苛語言、不被允許犯錯的互動，他往往會把這種語氣內化，成為日後對自己的審視方式。他可能在做錯事時先責備自己，或

6-5 自我概念的養成與家庭語境

在嘗試前就放棄,因為心裡早有個聲音說:「你又做不到。」

一位媽媽分享,自己的兒子從小就被稱為「貼心小幫手」,她總是很驕傲地說:「他從來不讓我操心。」直到某天,孩子在學校因為不敢拒絕同學的請求而陷入困擾,她才意識到,原來這個「貼心」的形象早已變成一種壓力。他不敢說「不要」,是因為擔心失去那個「好孩子」的角色。這個媽媽後來調整了自己的語言方式,不再強調孩子「多會照顧人」,而是多肯定他能說出自己的想法,也能照顧自己的感受。慢慢地,孩子變得比較敢表達界線,也更自在地面對自己的需求。

孩子的自我感受,來自日常語氣的累積。如果我們習慣用重複性的語句來提醒孩子,例如「你每次都這樣」,久而久之,這些話語會讓他將行為失誤視為性格缺陷,而非可調整的部分。若我們改用「這次可能……」、「我們一起看看這件事」,語言就多了修正與對話的空間,也傳遞出:你不是被定型的,而是有成長可能的人。

家庭語境不只來自語言,還來自情緒氛圍。有些家庭在孩子犯錯時氣氛特別緊張,大人語氣立刻轉冷、臉色嚴肅,孩子很快就學會:犯錯是危險的,必須掩蓋、閃避。也有些家庭習慣用玩笑掩飾責備,像是「你喔,永遠少一根筋」,孩子可能表面笑笑的,心裡卻默默接受了這樣的標籤。這些

第六章　自信的根：接納與讚美的平衡

　　看似輕鬆的語句，往往深深影響孩子對自己的定義，特別是當這些說法在重要場合反覆出現時。

　　有時候，家長對孩子的稱呼也會形成某種暗示，例如「我們家小公主最怕髒了」、「他就是個小懶貓啦」，這些話若偶爾說說可能無傷大雅，但若成為固定的框架，孩子便容易被困在角色裡。特別是當這些角色和孩子的真實需求不一致時，他們會變得難以調整，也難以嘗試新的表現方式。畢竟，誰也不想在被愛的形象之外失去安全感。

　　那麼，家長可以怎麼做，幫助孩子養成穩定而彈性的自我概念？第一，是練習用「描述行為」而非「定義人格」的方式來回應孩子。例如，當孩子忘了帶作業，與其說「你太粗心了」，不如說「這次可能太趕了，下次我們可以一起檢查看看」。這樣的語言把焦點放在事件，而不是貼標籤，也讓孩子知道，錯誤是可以被修正的，不代表他這個人有問題。

　　第二，是在日常生活中刻意營造一種允許說實話、允許展現不完美的對話氛圍。當孩子說「我不喜歡這樣」或「我今天心情不好」，我們不急著修正、糾正，而是先表示理解：「謝謝你願意說出來。」這樣的回應不但傳遞出尊重，也讓孩子更願意接觸真實的自己。長期下來，他們的內在會發展出一種穩固的信念：我可以不一樣，我也可以被理解。

　　最後，家庭語境最深遠的影響，來自於孩子看見大人如

6-5 自我概念的養成與家庭語境

何對待自己。當我們做錯事後勇敢道歉、感到疲憊時願意說出來、遇到挫折也能溫柔地面對自己,這些身教會成為孩子最深的學習藍圖。他們不是聽我們怎麼說自己,而是看我們如何真實地生活。這些經驗累積成的感受,會一點一滴在孩子心裡建構出「我可以怎麼對待我自己」。

孩子的自我概念,並不是我們一句話就能決定的,但我們的每一句話、每一種語氣,都在不斷為他畫出他眼中自己的樣子。當我們願意放下急於塑造「乖孩子」、「有出息的孩子」的焦慮,開始用理解與支持作為語言的基調,孩子也就會慢慢長出一種安定的內在聲音:我可以不是完美的,但我一直都被看見,也一直都值得被愛。

第六章 自信的根:接納與讚美的平衡

第七章
比較與期待：
家長觀點的再調整

第七章　比較與期待：家長觀點的再調整

7-1　從別人家的孩子，到我眼前的孩子

在許多家庭裡,「別人家的孩子」是一個無形卻強大的存在。他們成績好、態度好、有禮貌又自律,總像一面總是閃亮的鏡子,讓我們忍不住回頭看自己的孩子,心中升起各種比較與不安。明明我們知道每個孩子都不同、知道愛應該是無條件的,但在日常裡,當同事分享孩子得獎、朋友晒出孩子進名校的消息時,我們的心還是會微微一沉,然後望向眼前的孩子,浮現出一絲悄然的落差感。

這不是什麼人的錯。比較是一種深植於文化與成長經驗中的反射習慣。我們從小就在各種評比中長大,成績、表現、得獎、升學,都成為衡量「好不好」的依據。而當我們成為家長,這套衡量方式常常自動套用在孩子身上。孩子的一舉一動,彷彿都與「別人家的孩子」形成某種對照:他數學還沒學會,別人已經在上奧數了;她還不會整理書包,別人已經能獨立完成報告;他情緒起伏大,別人早就懂事穩重。

這些比較可能只是偶然浮現的念頭,也可能成為對話中不經意的語言。例如「你看人家多會背書」、「你表哥早就會

7-1 從別人家的孩子，到我眼前的孩子

這個了」，這些話說出口的當下，也許只是希望孩子進步一點，但孩子聽見的，卻是：「你不夠好」、「我更喜歡那樣的孩子」。這些語言在潛意識裡傳遞出一種訊息：你被看見的前提，是你得先變得像別人一樣。

有一位家長分享，當她的女兒在校園開學表現不如預期，經常忘記作業、需要老師提醒，她忍不住焦慮起來。尤其看到同班同學的媽媽在群組裡分享：「我們家今天就把功課檢查完了，還自己安排明天的閱讀時間」，她內心不自覺地湧現出自責與比較。那天回家，她問女兒：「為什麼妳都記不住功課？同班同學都做完了耶。」女兒低著頭說：「我也不知道我為什麼記不住⋯⋯但我有寫在小紙條上，只是弄丟了。」

那一刻她突然意識到，自己沒有看到的是，孩子其實已經在努力，只是她一直看的是別人家的「結果」，卻忽略了自己孩子「正在嘗試」的過程。她說：「我不是不愛我的女兒，但我太想證明她沒問題，所以忘了她本來就有她的節奏。」

我們會比較，是因為我們想確保孩子「走在對的路上」；我們會焦慮，是因為我們害怕孩子「被世界落下」。但這樣的焦慮，往往讓我們愈來愈看不見眼前孩子的樣子，甚至錯過他已經在做的努力。當我們一直望向別人家的孩子，心裡

第七章　比較與期待：家長觀點的再調整

那把尺就會變得又細又長，每次量起自己孩子，都覺得短了一點、慢了一點、差了一點。

更深層的困難是，我們其實不只是比較孩子，我們也在比較自己身為家長的表現。當我們的孩子表現好時，我們感到驕傲；但當他表現落後時，我們不只是擔心他，也是在懷疑自己是不是哪裡做得不夠好。這種隱形的自我責備，讓我們更容易對孩子產生期待與壓力。我們想讓孩子好一點，但其實也想讓自己好一點，好像只有這樣，才不會在別人眼中顯得「失職」或「失敗」。

面對這樣的情緒，我們可以不急著否定或壓抑它，而是學習對自己誠實地說：「是的，我在意」、「我會比較，也會羨慕別人家的孩子」，這樣的誠實不是軟弱，而是一種放下內在評比的起點。當我們承認自己內心的焦慮，才能開始回到孩子身上，問問自己：「那我的孩子，他真正需要的是什麼？」

或許他需要的是更多信任，而不是更多提醒；或許他需要的是一個可以試錯的空間，而不是一個處處對照的標準。當我們願意放下那把來自別人家的尺，重新用一種探索式的眼光來看待孩子，就會發現，他其實一直都在成長，只是用自己的方式而已。

有位爸爸說，他曾經非常在意孩子的課業成績，因為自

己從小就是第一名,也習慣被期待為榜樣。但當他發現孩子對畫畫充滿熱情,即使功課平平,他第一次試著讓自己後退一步,不再催促孩子去補習,而是陪他參加一場畫展。那天回家的路上,孩子說:「我覺得你今天真的有在看我。」這句話讓他幾乎落淚。他說:「我才發現,我不是沒看他,是我一直看錯了方向。」

我們當然希望孩子好,但什麼是「好」?這個定義,其實值得我們常常重新確認。有時候,好不等於領先別人,而是孩子能夠感到被理解、被支持,有機會做他自己。這樣的好,也許不那麼耀眼,但卻是真正能走得長遠的底氣。

別人家的孩子,可能真的很優秀。但是我們眼前的這個孩子,他也在走他的路。如果我們願意將目光從比較的世界抽離,重新注視孩子的節奏與心情,我們會發現,他的樣子,其實從來不需要跟誰一樣。他需要的,是我們願意看見他、願意陪他走下去,而不是拿他去對照任何人。

第七章　比較與期待：家長觀點的再調整

7-2　成就迷思與愛的條件化陷阱

「我當然是愛我的孩子，這是無條件的。」幾乎所有家長都會這麼說。而且大多數的時候，這份愛也確實真誠而穩固。但在實際的互動中，有時我們卻會發現，孩子似乎不這麼認為。他們小心翼翼地回報成績單上的分數，不敢主動提起比賽沒得獎的經過，甚至會在犯錯後問：「你會不會不喜歡我了？」這些話，就像一面鏡子，讓我們不得不面對一個現實——我們的愛，在孩子的世界裡，可能已經悄悄被標上了條件。

條件化的愛，不一定是刻意的。有時候，它以非常細微的形式出現，像是在孩子做得好時特別關心、表現傑出時才給予讚賞、成功時才有全家的慶祝氛圍。這些行為本身並沒有錯，但若長期只在「表現出色」時出現關注與親密，孩子便會逐漸產生一種錯覺：「我得先表現得夠好，才值得被喜歡。」

這樣的錯覺通常不是來自一次對話，而是許多看似平凡的日常片段累積而成。有位媽媽分享，她的女兒熱愛彈鋼琴，平時練習十分投入，甚至會自己安排進度與目標。但有一回比賽落選，女兒回家後變得安靜，對話少了許多。媽媽

7-2 成就迷思與愛的條件化陷阱

安慰她:「沒關係啦,下次再加油。」這句話原意是支持,但她發現孩子眼神閃爍、話說不多,心情低落得出奇。

後來她才意識到,過去每次女兒得獎,她都會擁抱、合照、發訊息告訴親戚,言語與行動都充滿驕傲;但這一次,她只是淡淡地說了句「沒關係」,就轉身去忙其他事了。「我不是不愛她,我只是沒注意到,我的表達方式其實綁在她的表現上。」她坦言。那一刻她才懂得,孩子其實不是因為失敗而難過,而是因為在那場失敗之後,她感受不到自己依然被看見。

孩子對愛的感知非常敏銳。他們記得我們什麼時候會笑著看他、什麼時候會多一句鼓勵;也會察覺,在他跌了一跤、考差了一次的時候,我們的語氣是否還是一樣溫柔。他們不見得會說出來,但會默默形成一種信念:「我是不是要做得夠好,你才會多看我一眼?」當這種信念內化為孩子對自己的看法,愛便不再是安穩的依靠,而變成需要爭取的東西。

更深一層的影響是,孩子會開始過度關注「被認可的表現」,而忽略自身的情緒、興趣或限制。他們可能不敢嘗試新挑戰,因為一旦失敗,代表的不只是挫折,而是愛的減損。他們也可能不敢展現脆弱,因為從過去的經驗裡,他們學會了:笑著被稱讚的那一面,才是被喜歡的模樣。

139

第七章　比較與期待：家長觀點的再調整

那麼，我們該怎麼做，才能讓愛從表現中脫身，回到真正穩定的情感基礎上？

第一步，是學習分離愛與成就的連結。我們可以在孩子沒有表現時，也依然給予關心與陪伴。當孩子表現平平，甚至出現失誤時，說：「今天辛苦了，有什麼需要幫忙的嗎？」或者「你願意參加、願意嘗試，這件事本身就值得欣賞」。這些語言的重點，不在於補償失敗，而是讓孩子知道，他不必達到某個標準，才能被好好對待。

第二，是練習具體而中性的肯定。比起泛泛而談「你好棒」、「你最厲害」，我們可以指出孩子在過程中展現的努力與特質。例如：「你這次真的很願意自己安排練習，看得出你很重視準備」或是「你不急著寫完，願意回頭檢查，這很細心」。這些話語給予孩子具體的回饋，不容易讓他將價值感建立在單一結果上，也更能幫助他了解自己的能力。

第三，是擴大我們對「表現」的定義。有的孩子不擅長考試，卻擅長照顧人；有的孩子社交笨拙，卻對某個領域有超高專注力。當我們能夠欣賞這些不被社會主流肯定的特質，孩子也會學習用更寬廣的眼光看自己，知道自己有價值，不是因為符合誰的期待，而是因為這些特質本來就重要。

最後，我們也需要誠實面對自己的焦慮與脆弱。有時

候,我們之所以在孩子表現不好時感到失落,不只是因為愛孩子,而是因為那反映了我們自身的不安 —— 是不是我教得不夠好?是不是別人會覺得我不會帶孩子?當我們能夠看見自己的情緒,也才能更溫柔地面對孩子的表現,不再下意識地把我們的壓力轉移到他們身上。

我們都想讓孩子有自信、有能力,但比這更重要的,是讓他知道:無論他今天表現如何,都有一個穩定而溫暖的地方可以回來。那不是為了結果存在的愛,而是為了這個人本身。當孩子能感受到這樣的安全感,他會更願意往前走,不是因為被驅趕,而是因為知道,無論跌倒或成功,都不會失去被愛的資格。

第七章　比較與期待：家長觀點的再調整

7-3　無聲的壓力來源

「我從來沒逼他啊，我只是希望他能發揮實力。」這句話，在親職對話中常常出現。家長的出發點或許是愛、是關心，是希望孩子能被看見、被肯定。但在孩子的世界裡，這樣的語言可能不只是提醒，而是一種無法拒絕的壓力。

孩子不會主動對我們說：「你對我的期待太重了。」但他們可能會在做題時猶豫太久，因為「不能錯」；可能在選擇社團時放棄原本喜歡的，因為「爸爸說音樂比較沒有未來」；甚至在生活中不敢展現脆弱，因為「媽媽一直說我很堅強」。這些表現背後，其實藏著一種訊息：「我必須維持你眼中的我。」

我們的語言，時常比我們自以為的更有重量。像是「你這樣我很難過」、「老師都誇你很有潛力，不要讓他失望」、「只要再努力一點，就會更好」——這些話聽起來並沒有責備，甚至可能帶著鼓勵的語氣，但對孩子來說，卻有可能成為一種不能鬆手的繩索。他們會開始在每一次表現前問自己：「這樣會讓人失望嗎？」而不是「我想不想這麼做？」

尤其當期待是透過關係傳遞的時候，孩子更難分辨其中的界線。像是「我們全家都靠你了」、「哥哥都不讓人操心，

7-3 無聲的壓力來源

你也要努力一點」,表面上是在鼓勵,但實際上卻在把責任包裹進愛裡。孩子會開始把表現當成維持關係的條件、把角色當成應該履行的任務,而不是自然流動的狀態。

有一位老師分享,有個小學四年級的學生,總是壓力很大,明明功課表現不錯,卻經常自己否定自己。有一次課堂上她請學生寫「我希望別人怎麼看我」,那位男孩寫下:「希望媽媽覺得我還是一樣乖」,老師問他為什麼,他說:「因為我最近都寫功課寫比較慢,媽媽可能會覺得我退步了。」這句話讓老師非常難過。不是因為這孩子功課慢,而是他內心已經默默接受一個前提:我只有在符合期待的時候,才值得被稱讚。

這種壓力不總是來自語氣強烈的命令,反而多半來自語言中的「暗示」。像是「這次有機會拿第一哦,加油」、「你以前不是都做得到嗎?現在怎麼了?」這類話看似關心,其實無形中設定了一個標準,讓孩子開始用過去的表現來審視現在的自己,甚至懷疑是不是退步、是不是不夠好。

孩子在成長過程中,原本就容易用大人的反應來定義自己。他們會觀察我們皺眉的頻率、語速的變化、在意的細節。當我們在成績好時多聊幾句,在失敗時氣氛變得沉默,他們學得不是知識,而是「什麼時候值得說話、什麼時候該保持距離」。期待不總是說出來的,但孩子總是感覺得到。

第七章　比較與期待：家長觀點的再調整

那麼，作為家長，我們可以怎麼做，讓語言變成支持而非壓力？

第一，是意識到我們的語言常帶著情緒的方向性。例如，當孩子在比賽前說緊張，我們如果回應「你不是練很久了嗎？沒事啦」，這可能會讓他覺得「我不該有這種情緒」，進而壓抑真實感受。與其這樣，不如說：「緊張代表你很在乎這件事，這是很自然的情緒。」這樣的回應，不但更貼近孩子的內在，也讓他知道自己被理解。

第二，是把語言中的主語換回孩子，而非我們自己。像是「我覺得你這次如果再多努力一點會更好」這類話，潛藏著「你應該讓我滿意」的訊號；若能改成「你自己覺得這次最難的地方是什麼？」就會讓主導權回到孩子身上，幫助他重新整理自己的經驗與想法。

第三，是在表達期待時加上情感的寬容性。例如，我們可以說「不管結果怎樣，願意挑戰本身就很棒」或「我知道你有在努力，我一直都看到你」。這類語言不等於降低標準，而是讓孩子知道，這段關係不是建立在「你有沒有做到」上，而是「你一直在路上」的事實。

其實孩子不是不能接受期待，而是不知道自己有沒有空間喘息。當期待被說得太滿，或太頻繁地和愛、肯定、驕傲綁在一起時，孩子就會開始覺得：「我需要一直表現得好，

這樣你們才會開心。」而這樣的壓力久了,就不是助力,而是阻力。

我們都希望孩子有自信、有能力,也願意為理想努力,但真正穩定的動力,來自於知道自己被理解、被尊重的基礎上。當我們的語言能在給予期待的同時,也留下一些空間與彈性,孩子才會願意往前走,而不是原地踏步、擔心一旦失手就失去價值。

最後,不妨試著問問自己一句簡單的話:「我現在說這句話,是希望他變得更好,還是只是想要自己安心一點?」這個答案,也許不需要告訴任何人,但當我們開始這樣問,就已經在為親子關係打開新的空氣口。讓語言不再只是指令或提醒,而是成為真正的陪伴與支持。

第七章　比較與期待：家長觀點的再調整

7-4　把焦點從結果拉回過程

「這次幾分？」、「有沒有得獎？」、「有沒有進步？」這些問題在家長口中幾乎成了習慣性的開場白。孩子從小面對這樣的提問，也逐漸習慣將生活切割成一個個成績單、一場場比賽、一次次輸贏。他們學會的是如何報告成果，而不是如何訴說過程；更常出現的，是在結果不理想時選擇沉默，因為他們不確定，過程是否值得被聽見。

我們都希望孩子做得好，但「好」如果只靠結果來定義，那過程中那些真正促成成長的努力、嘗試、反思與改變，就可能被忽略。更遺憾的是，當孩子習慣將價值建立在結果上，一旦結果不如預期，內在的自我評價也會跟著崩塌。他們不只失去了對學習的熱情，也喪失了面對挑戰的勇氣。

有位老師談到班上曾有一位女孩，繪畫作品雖然色彩運用大膽、構圖有創意，但比賽結果卻未獲獎。老師本想肯定她的風格與突破，卻發現她情緒低落，直說：「都沒有得名，那就沒用啊。」那一刻，老師意識到問題不在輸贏，而在孩子已經被訓練成只在乎輸贏。對她來說，過程的創意與勇氣完全被結果的單一尺標取代了。

7-4 把焦點從結果拉回過程

其實,這樣的心態不全然是孩子自己的選擇。他們從成長過程中觀察大人的語言與重視的事物,慢慢內化成一套評價體系。當我們總是在意「得第幾名」、「拿沒拿獎狀」、「是不是第一」,而對於練習時的堅持、嘗試中的困難與調整過的策略輕描淡寫,孩子自然會相信:過程只是過場,能否被認可,全看最後的成果。

若我們希望孩子擁有穩定的自信與持續的學習動力,那麼我們必須從家庭語境中調整對「過程」的關注。這不只是語言的改變,更是一種價值觀的轉換。

首先,是從回應語言的調整開始。當孩子分享考試成績時,我們除了問「幾分」,更可以問:「這次你覺得哪一題最有挑戰?」、「有沒有什麼地方是這次比上次做得更順的?」這樣的提問引導孩子回頭看自己的思考過程與努力痕跡,也讓他知道,我們關心的不只是分數,而是他怎麼看待這段經歷。

其次,是在日常對話中刻意放大努力與策略的價值。例如:「你這次願意自己找資料準備報告,真的很棒」、「看得出你花了很多時間修改這一段,這樣的細心很難得」,這類語言具體、誠懇,不浮誇也不籠統,重點在於讓孩子看見:被肯定的不只是成果,而是做法、態度與過程中的投入。

有些家長會擔心:「這樣會不會讓孩子變得不求表現?」

第七章　比較與期待：家長觀點的再調整

但實際上，當孩子知道自己的努力會被看見、過程會被肯定時，他們反而更有動力去投入。他們的行動不再只是為了「達到標準」，而是為了探索自己的能力邊界與興趣所在。這種動力不是短暫的，而是能夠長期支撐學習與成長的內在驅動。

再者，我們也要學會在失敗時給予有意義的對話機會。當孩子比賽失利、考試失常，第一時間我們常常會說：「沒關係啦，下次加油」，但這句話有時反而讓孩子覺得我們不想談、不想碰。其實，我們可以先問：「你自己覺得哪裡沒發揮好？」或是「你覺得這次最大的難題是什麼？」這樣的對話幫助孩子將挫折轉化為自我理解與策略調整的機會，也讓他知道失敗並不可怕，重要的是我們怎麼看待它。

這樣的語言練習，需要時間，也需要提醒自己放慢節奏。有一位家長分享，她過去總是在孩子拿到好成績時立刻分享給親友，孩子也會因此變得期待結果出來後有「表揚時間」。但她後來漸漸轉變做法，改為在讀書過程中問：「你這次是怎麼安排時間的？這個方法有效嗎？」她說，這些對話讓孩子自己也開始思考策略，考完後也更願意主動分享自己的過程與想法，而不再只報告「幾分」。

過程的價值，其實也能從生活中一點一滴養成。像是陪孩子做手作、準備餐點、規劃旅行……這些看似跟學業無

7-4 把焦點從結果拉回過程

關的活動，都是訓練孩子體會「過程帶來樂趣與成就」的好機會。當孩子在練習中遇到挫折時，我們的反應會成為他未來面對難題時的參考樣本。當我們說：「沒關係，再想想看怎麼改」、「這樣做也很好，我們一起調整看看」，孩子也會慢慢建立一種心理彈性：我不是只能一次就做對，而是可以慢慢變好。

我們要給孩子的，不只是「結果是否值得驕傲」的標準，而是一種信念：你的努力與思考過程，永遠值得被重視。當這種信念深植於孩子心中，他就不會因一次表現不佳而全盤否定自己，也不會因短暫成功而焦慮不安。因為他知道，真正的成長，不是跑得快不快，而是他有沒有走在屬於自己的路上。

放下只看結果的焦慮，不代表沒有目標；而是我們開始相信，穩定的內在驅力，比一時的表現來得重要。當孩子從小就生活在一個關心過程、欣賞努力的家庭氛圍裡，他所養成的，不只是學習的能力，更是面對人生各種起伏時的穩定心智與自我價值感。

第七章 比較與期待：家長觀點的再調整

7-5 修正願望與目標的錯位

每一位家長心中，或多或少都有一幅孩子的未來藍圖。有人希望孩子能找到穩定的職業，有人期盼他能延續家業，有人希望他擁有自由快樂的人生。但不論藍圖的內容為何，背後的動機幾乎都指向一件事：我希望他好。我們的願望，來自愛，也來自人生經驗的提煉──我們曾跌倒過，所以想讓他少一點痛；我們曾被肯定，所以想讓他也有成就。但在這些願望轉化為目標的過程中，若不自覺地把它變成了孩子「應該成為的樣子」，便很容易發生一種錯位：我們以為那是為了他好，卻忘了問，那是不是他想走的路。

有一位國三的女孩曾說過這樣一句話：「我不敢說我不想考第一志願，因為爸媽一直說那是我們家的驕傲。」她不是沒有能力，也不是叛逆，而是她已經很清楚，那份「驕傲」背後代表的是家庭的光榮、親戚的期待，甚至是家長對自己教育方式的證明。對她來說，這已經不是「選擇學校」這麼單純的問題，而是一場關於愛與忠誠的試煉。她不想讓任何人失望，但也不知道自己還能不能說出真正的想法。

當願望變成目標，而這個目標又與孩子的本質或現況落差太大時，孩子感受到的就不是支持，而是壓力。他們會開

始懷疑:「如果我做不到,這份關係會不會改變?」、「如果我不朝著那個方向努力,是不是代表我辜負了你?」這些問題不一定會被說出口,但會悄悄滲入孩子的決定、態度與自我認同之中。

更複雜的是,許多時候這些目標的錯位,其實來自我們自己未曾整理的遺憾與焦慮。有些家長會說:「我以前想學鋼琴,但沒機會,所以希望他能學好」或是「我們家以前沒人念到大學,所以我希望他能完成這個夢想」,這樣的心情可以理解,但當這份未完成的願望投射在孩子身上,我們需要更誠實地問自己:「這真的是他現在所需要的嗎?還是我正在填補自己的空白?」

有位媽媽分享,當年她對畫畫有強烈興趣,但被家庭現實壓抑,從未真正接觸過美術教育。多年後,她的兒子展現出音樂方面的興趣,她便希望他能全力發展,甚至安排了密集課程與比賽,期待他能「走上藝文之路」。直到有一天,孩子哭著說:「我只想彈給自己聽,不想一直比賽了。」那一刻她才發現,自己其實是希望孩子替她完成某種人生理想,而忽略了孩子想走的,是不一樣的藝術路。

修正錯位的願望,不是要放棄對孩子的期待,而是要重新調整「誰的願望應該被放在中心」。有些孩子可能真的熱愛我們為他規劃的方向,但也有些孩子,只是學會了怎麼乖

第七章　比較與期待：家長觀點的再調整

順地配合，卻在過程中漸漸失去了辨認自己想法的能力。長久下來，他們變得不太會提問，也不太敢拒絕，對未來感到茫然，卻不知為什麼。

要避免這樣的錯位，我們可以從幾個方向開始練習。

第一，是區分我們的願望與孩子的傾向。當我們在替孩子做規劃時，先問自己：「這是我希望他成為的樣子，還是我看見他的潛能？」例如，孩子對機械動手操作有高度興趣，但我們卻一心想讓他走學術研究的道路，這時不妨退一步，看看他的特質是否其實更適合實作導向的學習模式。當我們能用孩子的節奏去設計期待，這份期待才會是支持而非壓迫。

第二，是創造「討論空間」而非「指派任務」。有些孩子之所以不敢說不，是因為從小就習慣聽指令、照著安排走。我們可以主動問孩子：「你覺得這樣的安排適合你嗎？」、「有沒有哪一部分你想試試不同的做法？」這樣的提問不代表放任，而是讓孩子學習與我們對話，為自己的方向有更多參與感。

第三，是接納孩子與我們的想像不同。有些家長會說：「我不是不給他自由，是他自己沒方向！」但有時孩子之所以「沒方向」，正是因為過去太多選擇都不是他自己做的。他們需要時間重新了解自己、重新練習做決定。我們可以陪

7-5 修正願望與目標的錯位

他一起做功課、一同探索選項,但最後的方向,需要留有空間讓他決定。因為真正能走得遠的路,不是家長幫忙鋪好的那一條,而是孩子自己願意踏上的那一條。

最重要的,是我們要有勇氣去面對自己可能曾經錯置的期待。那不是失敗,而是成長。當我們願意誠實地對孩子說:「我知道我一直希望你走某條路,但我現在想聽聽你真正的想法。」這樣的話語可能會讓孩子一時錯愕,但也會為親子關係打開新的空間。因為在這樣的時刻,孩子會明白:你不是只在乎結果的人,而是願意與我一起走的人。

願望很美,但若它不貼近孩子的現實,就可能變成負擔。我們需要的不只是希望孩子變好,更是相信孩子有能力,去定義什麼對他來說是好的。當我們願意放下對「完美結果」的執著,開始欣賞孩子在尋找方向過程中的努力與誠實,我們其實也正在做一件很重要的事——把愛從控制中抽離,重新放回關係的中心。

第七章 比較與期待:家長觀點的再調整

第八章
尊重個體差異:
從因材施教出發

第八章　尊重個體差異：從因材施教出發

8-1　學習風格差異不是劣勢

我們很容易在教養過程中，不自覺地用「學得快」、「成績好」、「聽得懂」來當作學習表現的標準。這種單一進步軌道的觀念，雖然在體制內教育裡行之有年，但它其實忽略了一個重要事實——孩子的學習風格本來就不盡相同。有些孩子在紙筆測驗中表現得有條不紊；有些孩子在動手操作或情境模擬中才能真正理解；有些孩子聽講時容易恍神，但只要搭配圖像就能記得牢牢的內容。當我們只看見「誰跟得上」、而不是「他怎麼學」，其實就是在削弱孩子展示能力的方式，也可能無意中讓他懷疑自己的學習潛能。

在一場針對小學中年級學生的觀察中，有一位老師提到班上有個男孩，平常課堂上不太發言，作業也經常拖延，給人一種不積極的印象。但有一次在自然課帶領小組製作簡單的水循環模型時，他不但主動發起分工，還在展示時講解得頭頭是道，甚至能延伸到課本未提及的應用。老師後來才發現，這個孩子是標準的動手型學習者（Kinesthetic learner），對於抽象概念較無感，卻能在實作中融會貫通。以往的成績未必能反映他的理解力，但只要改變教學方式，他其實很有潛力。

8-1 學習風格差異不是劣勢

許多家長會焦慮孩子不愛坐著讀書、不喜歡寫字、不會「背書」——但這些常見焦慮的背後,其實潛藏著一種隱性邏輯:如果他無法用「我們習慣的方式」學習,就等於學不好。但事實上,這些行為可能只是孩子在尋找自己的學習語言。像有些孩子擅長聽覺輸入,講解一次就能理解,但若只看書就一頭霧水;有些孩子需要圖像輔助,一張心智圖勝過十頁筆記。這些差異並不是障礙,而是資源。關鍵是我們是否願意調整觀點,從「教他該怎麼學」轉為「觀察他怎麼學得最好」。

家長在日常陪伴中,其實可以透過一些小小的線索辨識孩子的學習偏好。例如:孩子是更喜歡邊動手邊理解,還是需要安靜空間消化知識?他是透過提問來釐清概念,還是寫筆記才能梳理思緒?當我們看到孩子不願複習時,不一定是因為懶惰,有可能只是現有的方式對他來說過於抽象或無趣。如果能將死背改為講故事,或讓他邊寫邊畫,就有機會重新激發學習動機。這種從「觀察風格」出發的理解,不但可以減少親子衝突,也會讓孩子更相信自己其實不是「跟不上」,而是「需要不同方式」。

一位家長曾分享,她的兒子國語成績總是吊車尾,背課文背到痛哭流涕,但對影集角色的對白卻能倒背如流。後來她試著錄音給孩子聽,並讓他自己把段落講給媽媽聽,不到

第八章　尊重個體差異：從因材施教出發

一週，記憶力就大幅改善。更重要的是，孩子終於能從過去那種「我就是學不好」的自我否定中解放出來，重新感受到「我也行」的自信。她說：「我以前都以為他不專心，其實是我太堅持只有一種學習方法。」

要尊重學習差異，並不代表放棄標準或降低要求，而是願意打開更多種路徑，讓孩子從適合自己的方式出發。這樣的做法並不新穎，但在現行教育體系下卻仍不夠普遍。尤其對家長來說，若我們從小接受的是填鴨式訓練，可能更難想像其他形式的學習也能有效果。但正因如此，家庭的角色才更關鍵。我們不需要成為老師，但可以是觀察者與調整者，在體制提供的框架外，為孩子鋪出一條符合他特質的支線。

這條支線未必走得快，但走起來會比較穩。孩子不會每天都進步、每一科都突出，但他會從一次次「原來我也可以」的經驗中累積信心。而這種信心，遠比短期成績來得深遠。當孩子感受到「我不是哪裡不對，而是我有我自己的方式」，他不但更願意學習，也更能夠在未來複雜的環境中保持彈性，找到屬於自己的節奏。

我們習慣用成績單判斷孩子的學習成果，但真正重要的，是孩子在學習過程中是否有機會「用自己的語言思考」。學會這點的家長，會從焦慮中逐漸鬆動，也能在一次次陪伴中，看見屬於孩子的獨特潛能。

8-2　不要用你的童年框住他的未來

　　我們每個人都是從自己的童年一路走來，帶著記憶、價值觀、傷痕與驕傲成為現在的自己。而這些經驗，很自然地也會滲透進我們對孩子的期待與管教方式裡。問題不在於我們有過去，而是當我們沒意識到自己正用過去的邏輯在看待孩子的未來時，無形之中，可能就把孩子推進了一個其實不屬於他的框架。

　　有一位媽媽說，她一直希望孩子成績要穩定、最好「前三名起跳」。當別人問她為什麼這麼堅持，她才坦白說：「因為我自己以前就是這樣爬上來的。小時候家裡窮，我就是靠念書改變命運。」這樣的故事在我們的社會中並不罕見——讀書，曾經是一條脫離貧困、獲得肯定的通道。於是，那份「我就是這樣熬過來的」的信念，也就成了許多家長教養上的出發點。

　　但孩子不是我們的延伸，他是一個全然獨立的生命。有些經驗，我們走過、承受過，並不代表那就是孩子也應該經歷的方式。有些信念，可能當年幫助了我們，卻未必適用於今天的時代與孩子的特質。當我們說「我們那個年代才沒那

第八章　尊重個體差異：從因材施教出發

麼多選擇」的時候,也許該想一想,現在的孩子正是在一個「可以選擇」的時代裡長大 —— 而這不是壞事。

常見的一種情況是,家長基於自己的童年缺乏,變得特別想為孩子補上「當初自己沒有的」。如果小時候家中經濟拮据,長大後可能特別在意物質條件的穩定;如果曾經求學艱難,可能會堅信升學是唯一解方。但補得太滿,有時就變成了投射與控制。孩子不一定需要的是我們的「補償」,而是我們的「理解」—— 理解他和我們走的路不一樣,理解他不需要重演我們的故事才能被肯定。

有一位爸爸一直堅持孩子每天一定要進補習班,他自己當年苦讀才考上理想科系,深信「沒有誰能靠自己摸索成功」。但孩子的個性獨立,學習方式偏向自學與討論,進了補習班反而焦慮又沮喪,成績不升反降。這位爸爸後來在老師建議下嘗試與孩子做開放式對話,才慢慢聽懂孩子的真實想法。他說:「我以為我是為了他好,結果其實是我在和自己當年的恐懼對抗。」

這種「過去經驗主導教養」的現象,不只是出現在課業安排。有些家長小時候沒有人聽他們說話,長大後也不太知道怎麼聽孩子說話;有些人在嚴格要求中成長,就會很自然認為「吃苦當吃補」、「被罵才會記得」。這些信念雖然看起來只是方法選擇,實際上卻深深影響著親子之間的關係氛

8-2 不要用你的童年框住他的未來

圍。如果我們不去覺察,就容易陷入一種自動駕駛的教養狀態:用「當初我就是這樣長大的」來為每一個要求背書。

然而,時代真的變了。學習的型態、就業的結構、心理健康的重視程度、社會價值觀的開放度,這一切都已不同以往。孩子在未來將面對的挑戰,不會與我們年輕時一樣,而我們的經驗,在某些層面上甚至可能成為誤導。比方說,我們那時候強調「穩定工作最重要」,但如今的職涯更多元與轉換彈性;我們過去相信「乖才是優點」,但現在的社會更需要表達能力、創造力與批判思考。如果我們仍舊緊握舊有信念,那不只是看不見孩子的潛力,也可能會錯過他正在發展的可能性。

這並不是說過去不好,也不是叫我們否定自己走來的路。而是要提醒自己:曾經讓我受益的,不一定適合我眼前的孩子。那是屬於我那個時代的解法,而現在,孩子需要的是一位能夠理解他處境的陪伴者。當我們願意放下「複製成功模式」的急切,孩子也會更有空間探索出屬於自己的方法。

某位媽媽分享,她從小被訓練成乖巧懂事的大姐,總是被要求做榜樣、照顧弟妹,因此對「自律」與「服從」有極強的期待。當她的女兒表達出獨立意見、不願配合時,她起初非常難以接受,甚至覺得孩子「不聽話」。直到一次衝突

第八章 尊重個體差異：從因材施教出發

後,女兒說:「我只是想照自己的方式長大,為什麼妳總是要我變成另一個妳?」那一刻她才猛然意識到,原來她一直無意中用自己的童年困住了孩子。

教養的藝術之一,就是在陪孩子成長的過程中,也願意與自己的過去和解。我們不會是完美的家長,但我們可以是有意識的家長 —— 意識到自己的反應、情緒、期待從何而來;意識到什麼是來自愛,什麼是來自恐懼。當我們能夠停下來問自己:「我現在這樣要求,是因為孩子真的需要,還是因為我心中有某種恐慌?」這樣的提問,往往比任何育兒書都來得真實而有力。

孩子的未來不該是我們過去的重演。他值得的是一個能夠看見當下、回應當下、相信當下的家長。不是要求他走我們走過的那條路,而是願意在他探索自己的路時,成為那盞不催促也不拉扯的燈。

8-3　給予彈性，不代表妥協原則

在教養現場,「彈性」常常被誤解。對某些家長而言,彈性彷彿是一種讓步,甚至是放棄原則的象徵。比起說「彈性就是理解」,許多人更習慣用「堅持才是負責」來安撫內心的不安。於是,我們給自己設定了一套準則:吃飯要準時、功課不能拖、話不能回嘴、責任一定得一口氣完成。這些原則本身沒有問題,問題在於,當我們將這些原則變得絕對不變時,是否也關上了看見孩子狀態與需求的那扇門?

教養需要原則,也需要伸縮。這種伸縮,不是遷就,而是根據孩子的特質、情境、發展階段,去做出更合時宜的安排。有時候,孩子不是不願意,而是那天特別累;不是缺乏紀律,而是正在面對壓力無法言說;不是挑戰規則,而是用他僅有的方式表達自己需要喘口氣。當我們只看見「他做不到」,卻沒看見「他其實正在撐」,就容易誤把彈性看成妥協,把理解看成縱容。

一位媽媽分享,她一直堅持女兒每晚 9 點上床睡覺,無論是否放假、是否完成功課,都不能例外。起初看似成效良好,但某段時間孩子變得越來越抗拒睡前時光,甚至在躺上床後故意製造各種話題拖延。這位媽媽後來試著與孩子談

第八章　尊重個體差異：從因材施教出發

談，才知道原來學校最近作業量激增，孩子每天回家都在趕進度，還沒來得及好好放鬆就被「時間」推著進房間。她於是將睡前時間稍作調整，允許女兒多花 15 分鐘聽音樂或和她聊聊再睡，這個微小的彈性反而讓孩子更容易入睡，也不再對晚間例行產生對抗心理。

彈性，是一種與孩子建立合作關係的方式。它並不代表規則消失，而是規則裡有空間。當孩子知道自己的感受被考量，他也更容易願意配合。有些孩子需要結構明確，有些孩子則需要過程中能有選擇權。對後者來說，若一切都被決定好，反而更容易反彈。這並不表示他不聽話，而是他正在試著在一套既有的系統裡找到自己的位置。

家長最常擔心的，是彈性會讓孩子以為「可以得寸進尺」。這個擔憂並非毫無根據，但如果我們能清楚標明界線，孩子其實能分辨「什麼是例外，什麼是底線」。例如「你今天感冒，功課可以延後明天早上交，但明天記得要帶齊」或「今天可以多玩 15 分鐘，因為你下午把時間管理得很好，不是每天都會這樣」，這些說法不但說明了調整的理由，也讓孩子知道，規則仍然存在，只是在更真實的情況下做了應變。

一位國中導師談到，有些學生在特定科目上總是拖延交作業，老師原以為是態度問題，後來發現其中一位學生其實

8-3 給予彈性，不代表妥協原則

是對該科極度焦慮，常常寫到一半就因為懷疑自己而卡住。當老師允許這位學生在特定情況下使用「草稿版先交、正式版晚一日補交」的方式，反而讓他更願意完成任務，焦慮也慢慢下降。這就是彈性的意義——讓人願意往前走，而不是讓規則成為絆腳石。

我們需要的不只是明確規則，更是一種隨情境應變的智慧。教養中的靈活，是一種對孩子身心狀態的即時回應能力。這之間的拿捏，無法靠一本手冊解答，而是要來自家長的觀察、對話與信任。有些原則可以穩固不變，有些做法可以因時制宜。例如：早睡是原則，但睡前形式可因年齡不同而調整；寫作業是原則，但進度安排可以有選擇空間。只要孩子知道哪些是不能動搖的，哪些是可以討論的，他的安全感不會因彈性而動搖，反而會因被尊重而更穩固。

孩子也會透過我們的彈性學會一件重要的事：生活不是非黑即白，而是有空間、有協調、有互動。這種理解比背誦任何規則都來得更有價值。因為未來他在面對學校、團體、社會時，也會知道該怎麼調整自己、怎麼溝通需求、怎麼從堅持與彈性之間找到平衡點。這些能力，才是真正的生活力。

有時候，給出彈性反而是最需要勇氣的選擇。當我們學會不把一切都定死，不代表我們鬆懈了原則，而是表示我們

第八章　尊重個體差異：從因材施教出發

願意更貼近孩子的狀況與當下。這樣的彈性，其實是來自更深層的信任 —— 相信孩子有成長的潛力，也相信我們有能力陪他一起找到最合適的節奏。

最後值得一提的是，當家長習慣從對錯出發思考孩子的行為時，容易將彈性視為放縱。但如果我們願意從「發展階段」與「身心需求」的角度出發，就會更能看見彈性背後的智慧。不是放過什麼，而是放手讓他多一點空間，把重點從「做不做得到」轉向「現在這樣安排對孩子是否更好」。

8-4　孩子的速度值得等待

在這個什麼都講求「快」、「效率」、「提早起跑」的時代裡，家長最常感到焦慮的一件事，往往不是孩子有沒有做，而是他「做得夠不夠快」。三歲會不會說話？六歲注音拼得好不好？九歲英文單字背得多不多？這些問題的背後，透露出一種深層的擔心：如果他慢了，是不是就輸了？

但孩子的成長並不是一場賽跑，而是每個人都有自己的步調與節奏的旅程。有些孩子語言發展快，兩歲就能清楚表達想法；有些孩子動作協調佳，小肌肉活動靈活而細膩；有些孩子在人際互動中游刃有餘，卻可能在學習上需要多點時間；也有些孩子在靜靜觀察中累積理解力，一開口便讓人驚豔。每一種速度背後，都是不同的大腦節奏與心理準備。當我們用同一把尺去衡量所有孩子，不只是對他不公平，也容易讓孩子誤以為「我不夠快＝我不夠好」。

一位家長曾分享，她的兒子直到四歲才開始說完整的句子，比起同齡孩子明顯晚了不少。她曾一度懷疑孩子是否有語言發展遲緩，頻繁奔波醫療單位、做語言訓練、上感統課。後來在一位幼教老師的提醒下，她才真正開始「聽孩子說話」。那位老師說：「你有沒有發現他其實非常會用眼神、

第八章　尊重個體差異：從因材施教出發

手勢表達，語言對他來說只是晚了一點出現，並不是他無法溝通。」果然，隨著年齡增長，孩子語言能力逐漸開展，甚至成為班上最擅長說故事的人。那位媽媽說：「我花了三年才學會一件事——等他，而不是催他。」

等待孩子，是一種尊重他節奏的信任，也是一種放下比較與催促的選擇。不是因為他沒問題，而是相信他會在屬於自己的時候綻放。有些孩子不是沒準備好，而是需要多一點時間適應；不是不夠努力，而是還沒找到合適的方式。有的孩子一遇到新環境就緊張，學業表現時好時壞；有的孩子到了中年級才漸漸開竅，之前累積的看似微弱的學習，其實早已悄悄打下基礎。當我們能夠接納這些時間差，孩子就會從中感受到安全感與穩定感。

我們也常看到一種孩子，在早期總是被貼上「慢吞吞」、「學不來」、「不夠踴躍」的標籤，但到了某個階段突然像開關被打開一樣開始進步飛快。這不是奇蹟，而是發展曲線自然走到了他該開花的時候。就像有些植物春天就開，有些卻要等到深秋。催促是無法加速開花的，唯有土壤、陽光與水分供應得當，花才會在它的時候出現。

有一位小學老師提到班上一位學生，三年級時幾乎不參與課堂討論，作業也常常拖到最後一刻。但這名學生有一項特質——他聽得非常仔細。直到四年級，有一次課堂討論

8-4 孩子的速度值得等待

出現冷場,他突然開口提出一個連老師都沒想到的觀點,全班一陣驚訝。那之後,他變得更願意表達,但依然是節奏緩慢、想清楚再說的孩子。老師後來形容他是「慢熟型的深水流」,不是不動,而是動得深遠又穩健。這個形容,也許就是我們應該學會用來看待孩子的一種方式。

等待不只是對孩子的成全,也是一種對家長自己的修練。在催促與比較之間,我們是否也願意停下來,問問自己:「他真的落後,還是只是與眾不同?」、「他真的需要補強,還是只需要多一點時間?」這些問題的答案不容易,但它們值得被反覆思考。因為當我們願意從孩子的步調出發,親子關係就不會總是處於緊張與失望之間,而是可以建立在尊重與陪伴的節奏之上。

也有些時候,我們看見別人的孩子已經學會鋼琴、英文、游泳,便焦慮起自己孩子的進度,彷彿多會一樣技能就是多一分保障。但真正重要的不是會多少,而是孩子是否在學習的過程中感受到投入與樂趣。提早開始不等於持久發展,速度快也不代表穩定成熟。唯有孩子自己內在願意學、渴望懂、相信自己做得到,那個學習才有可能真正扎根。這樣的學習,來自被理解與被等待的經驗,而不是來自不停被催促的壓力。

在這個節奏快速、資訊流通極快的社會裡,孩子比過去

第八章　尊重個體差異：從因材施教出發

承受更多評比與進度的壓力。如果家庭也加入這場追趕的比賽，那孩子將無處可逃；反之，如果家庭願意成為一個「可以慢下來」的空間，那麼孩子就有機會在疲憊中休息、在混亂中整理，從而找到自己的方向。

我們每個人回想自己的成長經歷，可能都會發現：有些轉變不是立刻顯現，而是幾年後才慢慢成形；有些能力不是從小就突出，而是後來才悄悄展露。如果我們能從自己的生命經驗出發，也許就更容易理解孩子眼前的「還不會」不等於「永遠不會」。而那個願意陪他走過這段等待的你，將是他一輩子都記得的支持力量。

孩子不是需要我們幫他加速，而是需要我們在他慢的時候不離開；不是要我們每天鞭策，而是要我們在他停下來喘氣時陪他坐一會兒。當我們學會用等待來愛，而不是用成效來愛，孩子就會學會用自己的腳步走得穩、走得遠。

8-5　培養「自我導向」的學習觀

　　當孩子面對學習這件事時，家長最希望的不外乎是：「他能不能主動一點？」我們期待孩子自己記得複習、願意探索知識、可以為自己的學習負責。然而，所謂的「主動學習」並不是一種天生的性格，而是一種可以培養的態度與能力，它的核心在於「自我導向」。

　　自我導向學習（Self-directed learning）指的是孩子能夠主動設定學習目標、選擇學習方式，並持續調整與反思的能力。這樣的學習觀不依賴外在控制，而是建立在內在動機與自我管理之上。當孩子具備這樣的能力時，他不只是學會某個知識點，更是在培養面對未來各種挑戰所需的自主性與彈性。而家長在這過程中最重要的角色，不是推動者，而是陪跑者與資源提供者。

　　一位家長分享，他的小孩總是要三催四請才肯寫作業，每次問功課寫了沒，得到的都是「等一下」、「快好了」的回應。剛開始他非常焦躁，覺得孩子欠缺紀律。後來在與導師討論後，他開始改變策略，不再直接要求孩子立刻動作，而是每天晚上固定留 15 分鐘陪孩子規劃隔天的學習進度，並讓孩子自己勾選項目與安排順序。一開始孩子還不太會規

第八章 尊重個體差異：從因材施教出發

劃，總是時間抓不準、項目順序混亂。但幾週後，孩子漸漸找出自己的節奏，也開始主動在下課後完成安排的事項。這位家長說：「我才明白，原來不是他不願意，而是他從來沒有學過怎麼去掌握自己的時間與任務。」

許多孩子學習被動，不一定是因為懶惰，而是現有的學習方式未必與他的風格相符。當孩子長期在不合適的方式中掙扎，他自然難以產生參與感與自主感。自我導向的培養，必須從「讓出一點控制權」開始。我們可以提供建議，但最終讓孩子自己做選擇；可以陪他討論困難，但不搶先幫他解答；可以提醒目標，但不代替設定。這樣的空間，就是孩子開始學會為自己學習負責的起點。

有位老師談到班上一個學生，起初成績平平，學習態度也不明顯積極。某次他們進行了一次期中學習計畫表的填寫活動，要求每位學生寫下自己的學習目標與實踐方法。這名學生起初只是勉強填滿欄位，但在連續幾次的檢討與修正後，逐漸找到了自己的節奏。他發現自己在早晨記憶力較好，決定把背誦科目放在早上完成，寫題目留到傍晚。不到兩個月，老師就觀察到他的成績與表現有顯著提升。更重要的是，他開始會主動詢問問題，提出自己的想法，不再只是等待指令。這個例子證明，當孩子有機會「練習選擇與負責」，他會從依賴中走向主動。

8-5 培養「自我導向」的學習觀

　　當然，自我導向不等於完全放任。家長仍然需要提供穩定的支持與必要的界線。例如，訂立明確可行的學習時間表、安排安靜不受干擾的學習空間、提供適度的回饋與協助，這些都是建立在信任與尊重上的協助。而非單純地監督與催促，更重要的是創造出一種「你可以嘗試，我會在你身邊」的心理安全感。孩子知道，他的嘗試不會立刻被批評，他的錯誤可以被討論，而不是被放大。

　　還有一項經常被忽略的關鍵，是學習動機的來源。如果孩子總是為了考高分、得獎狀而學習，他的行動就容易依賴外在評價。一旦這些回饋減少，學習熱情也隨之消退。相對地，若孩子能從學習中獲得內在的成就感，例如「我學會了一個原本不會的概念」、「我自己找到了資料」、「我發現某個問題很好玩」，這些經驗才是真正能滋養自我導向的根本。這也提醒我們，與其總是問孩子「你考幾分」，不如多問一句「這次你覺得哪裡學得最有趣？」或者「你花最多時間的地方是哪裡，為什麼？」這些問題會引導孩子回頭檢視自己，而不只是討好他人。

　　家長也可以嘗試在生活中加入更多「選擇題」，讓孩子開始為生活做出安排與取捨。像是：「這週你想先寫哪一科作業？」、「要不要自己訂一個練習時間？我們一起來看看效果怎麼樣」，這些對話看似瑣碎，實際上卻是在幫助孩子練

第八章　尊重個體差異：從因材施教出發

習思考與規劃。當他在小事中逐步養成選擇與評估的習慣，未來在更複雜的任務中也會更有信心與彈性。

我們終究無法替孩子讀一輩子的書，也不可能為他的人生每一步都做出最好的安排。但我們可以在他還在學習如何掌舵的時候，做那盞不熄的燈，陪他照亮前方、辨別方向，卻不搶過方向盤。當他一次次從選擇中學會修正、從嘗試中累積信心，真正屬於他的學習方式也會慢慢浮現。

有時候我們會擔心：「萬一他選錯怎麼辦？」但其實，錯誤本身也是學習的一部分。只要孩子知道有一個可以回來討論、重新規劃的空間，他就不會害怕走錯路。真正的自我導向，不是永遠正確，而是願意前進、願意調整。當我們能放下控制的焦慮，轉而培養孩子思考與選擇的能力，我們給他的不只是現在的成績，更是未來的適應力。

當我們願意尊重孩子的學習節奏與風格，從控制者轉為支持者，孩子也會在這樣的空間中培養出真正屬於自己的學習肌力與人生主導感。

第九章
親子互動的藝術：
對話、傾聽與回應

第九章　親子互動的藝術：對話、傾聽與回應

9-1　語言的選擇，就是關係的方向

我們都知道語言具有力量，但往往忽略了，它的力量不只來自內容，更來自形式。相同的意思，用不同的說法，會帶來完全不同的感受，也引導出不同的親子互動結果。語言像是一條無形的軌道，我們說出口的每一句話，都正在決定關係要往哪個方向前進。

有時，我們只是想提醒孩子做功課，卻脫口而出：「你是不是每次都要等到最後一刻才開始？」、「又忘記自己說要提早寫功課了嗎？」這些話語中所傳遞的不只是任務上的催促，更是一種評價、一種指責。孩子聽見的，可能不是「要完成作業」，而是「我總是讓人失望」。久而久之，原本只是提醒，卻成了一種彼此防衛的開場。這時，關係的重點已不再是功課，而是情緒的疊加與回應的失焦。

有些家長會說：「我也不是罵他，我只是說事實。」但語言從來不只是資訊的傳遞，它同時也是情感與權力的展示。一句「你為什麼不能像妹妹一樣有時間觀念？」隱含了比較與批判；而一句「你想不想試試自己安排一下時間表，我可以幫你一起看看」則傳遞的是信任與合作。兩者的差

異,不在於語言的複雜程度,而在於立場與語氣的選擇。

這不代表我們要對孩子永遠客氣或不講立場,而是提醒我們:語言的方式,決定了對話是否能延續。當我們習慣用命令句、否定句、反諷語氣時,孩子會感到壓力或防衛,自然不容易敞開來溝通;相反地,若我們試著轉換語言結構,從陳述變成詢問,從否定變成引導,孩子就更有可能感受到「你不是在對抗我,而是在靠近我」。

例如,面對孩子不肯起床,與其說「你再不起來就遲到了」,可以試著說:「現在起床會來得及吃早餐,你想自己起,還是我幫你叫一次?」這樣的說法保留了選擇權,也將行動責任交還給孩子。或者當孩子忘記收拾書包,與其說「你總是那麼粗心」,不如說:「這次漏帶了功課,要不要想想要怎麼提醒自己?」這不只是語言技巧,而是一種關係姿態的調整:從命令轉為共創,從上對下轉為肩並肩。

語言不只是讓對方聽懂我們的意思,更是讓對方感覺到「我被怎麼看待」。同一句話,在不同語氣中可能是支持,也可能是質疑;在不同情境中可能是關心,也可能是壓力。語言沒有中立的表面,它總是帶著某種情緒與意圖進入孩子的心裡。

有一次,一位媽媽分享她和孩子間的一段爭執。孩子放學回家後滿臉疲憊,媽媽一看到書包沒整理好便說:「你每

第九章　親子互動的藝術：對話、傾聽與回應

天這樣，還想要考好成績嗎？」孩子當場臉色大變，大聲頂嘴：「我就累不行嗎！」那天晚餐氣氛凝重，兩人誰也沒再說話。事後媽媽回想，她並不是不在乎孩子的感受，而是語言太快從「觀察」跳到「評價」，讓孩子只聽見否定，而非關心。若她當時說的是：「你看起來很累，回家之後要不要先休息一下再整理？」或許就能避免衝突，也更容易開啟後續的對話。

　　語言的選擇，也是關係的方向。當我們持續用責備語言與孩子互動，我們就在強化一種「你永遠不夠好」的自我認知；而當我們願意換一種方式說話，不是輕聲細語地包裝責備，而是真誠地轉換觀點，那麼語言就會成為連結而非斷裂的工具。

　　有些家長會問：「我這樣說，是不是太軟弱？」其實，改變說話方式不是放棄原則，而是選擇一種更有效的傳遞方式。立場清楚，不代表語氣就一定強硬；語氣溫和，也不等於放棄底線。重點不在語調高低，而在語言是否具備清晰、尊重與共情的成分。當我們的語言讓孩子聽見的是「我知道你有能力、也有選擇」，那麼孩子就更容易從被動轉為主動，從反抗轉為合作。

　　語言也會反映出我們對關係的期待。如果我們只想快速解決問題，語言往往短促、命令、帶著壓力；但如果我們願

9-1 語言的選擇，就是關係的方向

意讓對話成為關係深化的契機，語言就會自然變得更有耐性與開放。這種改變，不只是對孩子有益，也會回過頭來療癒我們自己。當我們發現語言可以是連結而不是衝突的起點，那麼教養也會變得不那麼疲憊，因為我們不再是用力施壓，而是在試著理解與合作。

最後，值得我們經常問自己一個問題：「我說這句話，是想讓孩子做什麼？感受到什麼？學會什麼？」當我們開始練習這樣的自我提問，語言就不再只是反射性的情緒出口，而會變成有方向、有意圖的溝通選擇。而這樣的選擇，將一點一滴累積成親子關係的方向，也將深深影響孩子日後對人際互動的信任感與表達能力。

當我們懂得調整語言，我們其實也是在調整關係；當我們練習用語言擁抱孩子，我們也正在幫助他用語言擁抱世界。

第九章　親子互動的藝術：對話、傾聽與回應

9-2　孩子也在觀察你如何說話

我們總以為教孩子說話，是透過糾正與提醒：「這樣說比較有禮貌」、「這句話不要那麼兇」、「用好一點的詞」……但是其實，孩子真正學會如何說話的方式，不是在我們的糾正裡，而是在我們說話的樣子中。孩子每天聽見的，是我們在電話中回應客戶的語氣，是在便利商店結帳時的態度，是我們在家裡對另一半的口吻，是我們在面對不順時爆出的情緒——那些都比我們說了多少教條更有影響力。

語言是我們生活中的呼吸動作，不需要刻意教學，也會自然被孩子內化。你怎麼抱怨別人、怎麼談論世界、怎麼形容一件事情、怎麼面對衝突與誤解——孩子都在一點一滴地吸收與模仿。就像孩子學走路不是靠說明書，而是透過無數次觀察與模仿，我們說話的方式也是他們語言世界的起點。

一位小學老師分享過這樣的觀察：有位學生在班上常常語氣不佳，對同學講話咄咄逼人，情緒一來就會帶著嘲諷語氣說話。老師原本以為是孩子個性使然，後來在家長日與他的母親對談時發現，對方在討論孩子問題時口氣中也時常夾帶譏諷與責備，對老師說：「我兒子就這樣啊，懶得改，講

9-2 孩子也在觀察你如何說話

幾遍都沒用。」那一刻,老師心裡明白了:這孩子的語氣不是天生的,而是家中日常的反映。他只是在重現他所熟悉的語言環境。

孩子並不會只學習我們說話的內容,更重要的是我們面對事情時的語言邏輯與情緒策略。舉例來說,如果家長在面對問題時總是用抱怨開場:「為什麼每次都這樣?到底是哪裡出錯了?怎麼這麼倒楣?」孩子也會漸漸養成遇到問題先找責任對象、而非尋求解決的習慣;相反地,如果我們在困境中說:「這情況不容易,我們一起來想辦法看看」,孩子就會內化這樣的面對方式——把問題當作可以一起思考的挑戰,而不是憤怒的藉口。

這也說明了一個重點:家庭語境(Family Discourse)是語言學習最關鍵的土壤。它不僅塑造語彙和語氣,更形塑孩子看待人際關係的態度。你的語言裡有沒有尊重?有沒有信任?有沒有聆聽?孩子聽得見,也學得來。比方說,如果我們在與孩子溝通時常用「你根本不懂」、「說了你也不會做」這類先入為主的話語,那孩子也會對自己與他人的溝通預設低信任與低期待的基調。

有位國中男生,在家庭會談中坦白地說:「我爸每次開口都是命令,我根本不想聽。反正講再多也是被說笨。」他的爸爸在一旁苦笑說:「可是我是真的希望他好啊,我怕他

第九章　親子互動的藝術：對話、傾聽與回應

走錯路。」這句話道出了許多家長的心聲。但問題是，語言中如果沒有「你值得被信任」的語氣，即使出發點是愛，落點也可能是傷。孩子聽不見我們的心意，只聽得見我們的語調與措辭。

更細緻的部分是情境語言的運用——也就是我們怎麼在不同場景中調整語言。當孩子觀察到我們在職場用語精確、在朋友面前幽默、在陌生人面前禮貌，這些都會成為他們語言彈性的樣板。如果家長在外和善、回到家卻情緒發洩，那麼孩子學到的將會是語言可以用來切換面具，而非真誠溝通；反之，若我們在家中也能維持對彼此的尊重與耐心，孩子會知道，語言不只是對外的工具，更是關係的實踐方式。

有位媽媽分享，她兒子曾經模仿她在電話中回應客服的語氣，口吻既不耐又略帶指責。那一刻她才意識到，原來自己在無意間展現出的不耐與不尊重，也被孩子如實接收。從那之後，她開始有意識地在日常生活中放慢語速、調整語氣，特別是在情緒緊繃時提醒自己：「我現在說話的樣子，孩子都在學。」

語言示範的影響力，也延伸到孩子與同儕的互動中。如果孩子在家庭裡習慣被用比較或羞辱的語言對待，他很可能也會在校園中對別人重複這樣的語言邏輯；反之，若家中常

使用表達感受的句型——「我覺得⋯⋯」、「我希望⋯⋯」、「我需要⋯⋯」——孩子也會學會用這些方式來代替指責、抱怨或逃避。這種語言結構的習慣，直接影響的是情緒調節與人際連結的能力。

教孩子怎麼說話，不是要他背誦禮貌語，也不是塑造一種假裝懂事的樣子，而是幫助他建立語言的思考模式。當我們能夠以身作則，讓語言中包含理性與情感的平衡、權利與責任的並重，那麼孩子也更容易發展出健全而靈活的語言人格。而這種人格，會成為他日後在學習、交友、工作與家庭關係中最穩定的溝通根基。

語言從不是單向的教導，而是一種互相回應的節奏。如果我們希望孩子學會表達尊重、理解他人、誠實而真誠地溝通，那麼最有效的方式，不是糾正他每一句話，而是回頭看我們每天說出口的語言，是否也是我們希望他學會的模樣。

◆ 第九章　親子互動的藝術：對話、傾聽與回應

9-3 非語言的訊號：沉默、表情與態度

在教養過程中，我們往往把焦點放在「說了什麼」上，卻忽略了「沒說出來的那一部分」。實際上，一個人傳遞情緒與意圖的方式，語言只占了其中一部分，更大的影響往往來自非語言訊號（nonverbal cues）：沉默的反應、臉部的表情、聲音的音調、肢體的姿勢，甚至眼神的變化，這些細微的訊號都在不斷向孩子傳遞一種訊息：「我理解你了」、「我現在很不耐煩」、「我不想聽你講了」……而孩子的感知，遠比我們想像得敏銳。

你說「我沒有生氣啊」，但語速加快、語調拔高、眼神銳利，孩子立刻就接收到了一種訊號：「你其實在壓抑情緒」。你說「我只是提醒你而已」，但臉上的皺眉和敷衍的態度，讓孩子覺得自己被嫌棄了。語言能隱藏情緒，但非語言訊號往往洩漏了我們真正的狀態。孩子也因此學會，不是每句話都能照字面理解，而要去解讀背後的語氣與態度──這雖是現實能力，但對關係而言卻可能埋下誤解與猜疑。

沉默是一種特別微妙的訊號。它既可能是理解與陪伴，也可能是冷淡與隔絕。當孩子犯錯後沉默地坐著不說話，我

9-3 非語言的訊號：沉默、表情與態度

們的沉默回應可能會被他解讀成「爸媽好失望，我做錯了，不值得被愛」；相反地，如果我們在沉默中靠近他、拍拍肩膀、給他一個眼神上的肯定，那種安靜的力量反而能傳達出「我雖然不講話，但我在你身邊」的穩定感。

表情的作用同樣關鍵。有有時候，孩子好不容易鼓起勇氣開口，卻在我們無意間拿起手機滑了一眼，或語氣轉冷的一瞬間，他們又默默把話收了回去。他們不是不願意說，而是學會了「你可能不想聽」。一位青少年曾說：「有時候我才講一半，媽媽就開始東摸西摸或轉頭看電視，我就知道她根本沒想聽完。」語言可以設下界線，但臉部表情經常比語言更早把門關起來。

甚至連我們怎麼坐、怎麼站、在孩子說話時是否會放下手機，都在傳遞一種關係的訊息。肢體語言（body language）是親子互動中最直接也最容易被感受的部分。當孩子講話時，我們是否轉身面對他、是否蹲下來與他視線平行、是否維持眼神接觸，這些細節都能讓孩子感受到自己被重視與否；相反地，若我們邊滑手機邊「嗯嗯啊啊」，或總是背對孩子說「我有在聽啦」，那孩子自然也會選擇「我沒什麼好說的」。

這些非語言訊號不只是在影響孩子「敢不敢說」，更在悄悄塑造他們未來與人互動的方式。孩子會學著模仿我們面

第九章　親子互動的藝術：對話、傾聽與回應

對衝突時的表情與姿態，也會在自己成為傾聽者時複製我們的反應方式。當我們表現出不耐與指責，他們也容易把這種態度帶到與同儕的相處中；反之，若我們能以穩定、耐心的非語言回應孩子，他們也會學習以同樣方式去面對朋友、同學，甚至未來的伴侶。

值得注意的是，有時我們以為孩子「不理人」、「不回應」，其實只是他正在用自己的方式處理訊息。孩子的沉默不等於無視，有時是情緒太複雜而難以言說，有時是他正在思考怎麼回應。這時，如果我們一味追問「你到底怎麼了？」、「為什麼都不說話？」，只會讓他更退縮；相反地，我們可以選擇給予空間，搭配一點支持的訊號，例如輕拍手臂、保持坐在他身邊、讓語氣放慢又溫柔。這些看似簡單的行動，其實遠比逼問來得有力量。

非語言訊號同時也能強化我們的語言內容。當我們說「我相信你」時，如果臉上的表情是真誠的、眼神是溫暖的，那孩子會更願意相信這句話是真的；但如果語氣冷淡、語尾敷衍，即使話說得再漂亮，孩子也會下意識地質疑這份信任感。這就是為什麼「說得對」不如「說得有感」——感受從來不靠理性說服，而是透過整體的表達被接收。

當然，沒有一位家長能時時刻刻都維持完美的表情管理與態度調整。重點不在於每一刻都無懈可擊，而是我們是否

9-3 非語言的訊號：沉默、表情與態度

有意識地看見自己的狀態，並願意為自己傳遞出去的訊號負責。比方說，當我們意識到自己剛剛的反應可能過於生硬、不夠耐心，我們可以回頭對孩子說：「剛剛我太急了，不是針對你，是我自己太累了。」這樣的修正，本身就是一種情緒責任的示範，也讓孩子學會：即使語言或行為不完美，誠實地修正與道歉依然值得尊重。

語言建立關係，非語言則維繫關係的溫度。當我們在親子互動中願意多一點觀察、慢一點回應，就能更清楚地接收孩子釋放出的微妙訊號，也能在自己的表達中加入更多關係的溫度。最溫柔的教養，往往不是多說一句話，而是在一句話之外，多一分理解與陪伴的姿態。

第九章　親子互動的藝術：對話、傾聽與回應

9-4　對話不是辯論，是接納與延伸

我們很常以為「溝通」的目的是要把話說清楚、把道理講明白，但在親子關係裡，這樣的預設有時反而成為阻礙。我們一開口就急著解釋、一聽見孩子說出不同意見就開始反駁、一感受到情緒緊張就想用道理拉回來。久而久之，孩子會發現，原來每一次對話都像是在打一場小規模的辯論——誰有理、誰錯了、誰該改。當對話變成比輸贏，關係就開始變得緊繃。

真正有效的對話，其實不是為了爭論誰對，而是為了更靠近彼此的內心。孩子說「學校好煩」，我們可能會立刻反射性地說：「你就是太懶惰、不想讀書吧。」但他真正想表達的，也許是最近感受到的孤單、壓力或不被理解。這種情緒背後的內容，如果在對話一開始就被否定，那他之後就不會再說了。因為他學會的，不是如何表達，而是「說了也沒用」。

我們太習慣在對話中扮演導師、教練、糾正者的角色，卻忽略了孩子其實需要的，是一位接住他心情的人。真正好的對話，是讓孩子感覺到「這個世界上有人願意聽我說

9-4 對話不是辯論，是接納與延伸

完」，而不是「我必須先說得有道理你才願意聽」。一位國中生曾在課堂上提到，他最喜歡的時刻，是每天回家後，媽媽坐在廚房邊洗菜邊聽他抱怨。他說：「她也沒說什麼道理，只是點頭、哼哼兩聲，可是我就覺得被聽懂了。」這樣的情緒容納，其實比任何建議都來得有效。

當我們把對話當成理解的機會，而不是糾錯的場域，孩子才會慢慢願意說出更多。也才有機會讓我們看見他們行為背後的動機與困惑。比方說，有個小男孩因為忘記交功課被老師責罵，回家後媽媽問原因，他低聲說：「我不想講。」媽媽沒有逼問，只是輕輕說：「你看起來今天心情很沉重。」孩子沉默一會兒後才說出，原來是因為同學在背後笑他寫得不好。這樣的坦白，不會發生在「你為什麼又這樣」的質問下，而是發生在「你是不是需要被懂」的語氣裡。

當然，我們不是不能提醒孩子、糾正行為，但時機點與語氣決定了效果。一段健康的對話不是只有傾聽，更要有延伸——但這個延伸不是馬上轉成教訓，而是先讓對方的情緒有空間被看見與安放。先處理情緒，再處理事情，是親子對話中最關鍵的節奏感。如果孩子說「我今天真的很煩」，我們與其說「煩什麼？你又沒做什麼事」，不如試著說「這樣的日子讓你很累吧，要不要說說哪一段最煩？」這種提問方式，是在邀請，而不是審問。

189

第九章　親子互動的藝術：對話、傾聽與回應

不少家長會說：「我也不是故意要吵架，但他講話就是讓人氣。」的確，孩子的話語有時不夠成熟、有點衝、有點怪，但正因為如此，他們才更需要一個練習的場域。如果每次開口都被糾正語氣、指正內容，他們只會更早學會閉嘴。想像一個孩子對你說：「我覺得你都偏心弟弟。」我們的直覺可能是「哪有！我對你們都一樣」，但如果我們能先回：「你會這樣覺得，一定是有地方讓你覺得被忽略了，對嗎？」這句話不代表承認偏心，而是承認他的感受本身值得傾聽。這樣的對話，才有辦法走到後續的澄清與討論。

接納，不是代表認同，而是承認孩子的經驗對他來說是真實的。延伸，不是急著轉入教育，而是建立在理解之上的邀請對話。這樣的語言姿態，才能真正讓孩子在我們面前願意打開自己。正如心理學家卡爾・羅傑斯（Carl Rogers）所言：「當人感受到被完全理解時，他自然會改變。」不是我們去改變孩子，而是我們的接納，讓他願意自己去看見與調整。

一位媽媽曾說，她女兒青春期時非常反叛，總是冷臉回話，甚至甩門。起初她總是以「妳這樣對我說話太沒禮貌」為由嚴厲指責，結果衝突不斷。後來她決定先從「問問女兒最近好不好」開始，並在女兒冷回後依然穩定地說：「我只是想聽妳說說，沒有要逼妳。」幾次這樣的過程後，女兒有

9-4 對話不是辯論,是接納與延伸

一天突然說:「其實我不是不想講,是怕妳又開始罵我。」那一刻,媽媽才終於懂得,原來對話無法靠指導展開,而是要靠安全感維持。

對話不是辯論,不需要誰贏。親子之間最珍貴的,是能在彼此看法不同時仍願意靠近,是在情緒激動時仍能放慢速度、保留好奇。當孩子說出他自己的觀點,即使我們未必同意,也可以先回:「我懂你怎麼想的,能不能也聽聽我的角度?」這樣的對話才會讓關係向前,而不是僅持在各說各話的對峙裡。

說話的藝術,不在於話術,而在於姿態。當我們的語言姿態從「我要糾正你」轉為「我想了解你」,從「我說的才對」轉為「我們能一起想」,孩子感受到的不再是壓力,而是邀請。而在這樣的對話裡,我們也會發現,教養並不是把話說得漂亮,而是把關係說得清楚 —— 用語言開出一條理解的路。

第九章　親子互動的藝術：對話、傾聽與回應

9-5　建立回應的節奏：
接得住，說得動聽

在親子溝通中，很多家長會問：「我已經有聽他說了，為什麼他還是覺得我不懂他？」這個問題的背後，其實藏著一個常被忽略的關鍵——回應的節奏。光是「聽見」還不夠，還需要「接得住」，更要「說得動聽」。意思是，孩子需要的不只是我們聽他說話，而是在說完之後，能從我們的回應裡感受到理解、被在意，以及一種願意繼續對話的安全感。

所謂「接得住」，不是要馬上給建議，也不是快速解決問題，而是讓孩子感受到「你有聽進去我說的」。這其中最重要的，是語氣與速度。有時候孩子正處在情緒高峰，我們若太快給出指導或評論，就像在他心門還沒打開時，就把一堆話硬塞進去，最後只會引發反感與對抗。真正接得住的回應，是能夠暫停自己反應的衝動，留下一個空間，讓孩子知道他說的每一個字都值得被看見。

像是一個小男孩在學校被朋友嘲笑「太娘」，回家後悶悶不樂，媽媽問了幾次他都搖頭不說。直到洗澡時他突然說：「我是不是哪裡不正常？」這位媽媽原本差點脫口而出「你怎麼會這樣想」，但她忍住了，只輕輕說：「有人說你什

9-5 建立回應的節奏：接得住，說得動聽

麼了嗎？你可以告訴我，我想聽。」孩子沉默了幾秒，才緩緩開口描述在學校發生的事。媽媽沒有急著安慰或否定，而是先重述：「你覺得他們那樣講讓你很難過，對不對？」這樣的回應，就是接得住的開始。

當孩子感受到「我說了不會被立刻糾正或評論」，才會願意繼續說。而這份開口的意願，是所有親子對話中最珍貴的禮物。若我們回應的節奏總是太快——急著給答案、插話、否定、轉移主題——孩子會慢慢學會縮回去，不再主動表達。

但光是接住還不夠，還需要說得讓孩子聽得進去。很多時候，我們確實是在為孩子好，但話卻說得讓人不想聽。原因不一定是內容不對，而是語氣與方式讓孩子覺得自己被評斷、被操控、被貶低。與其說「你這樣怎麼可能考得好」，不如說「你最近可能壓力很大，睡得也不好，我們來一起找找看哪裡可以調整」。這樣的語言姿態，會讓孩子願意把耳朵打開，而不是自動築起防備。

一位青少年心理師曾說過一個觀察，他發現許多青少年並不是「不願意溝通」，而是「已經受夠大人的話」。這些話不是惡意的，而是長期累積下來讓他們覺得：「你根本沒在聽，只是等著回你想說的話。」這也是為什麼，有時候我們越努力講，孩子反而越封閉。說得動聽的能力，其實來自於

第九章　親子互動的藝術：對話、傾聽與回應

我們願意慢一點、輕一點、真一點。

有一位爸爸分享，他起初總是對兒子說「你要更努力」、「別總是想著玩」，結果兩人常常一講話就吵架。後來某次他試著換個說法，說：「我知道你現在玩得很開心，但我也有點擔心你功課會趕不完，我們可以一起想個做法嗎？」孩子竟然一改平常的抗拒，說：「那我晚點再玩，先寫一點好了。」這個例子說明，有時候不是觀念有問題，而是我們的語言選擇，決定了溝通是開啟還是封鎖。

「說得動聽」的重點在於理解對方此刻的狀態與心理距離，然後調整我們的語言方式。這不表示什麼都要順著孩子，而是讓我們的話語變成一種溫柔的提醒，而不是冷硬的命令。像是：「你今天看起來很累，要不要先休息一下再寫作業？」比起「快點去寫功課，不然來不及了」，前者不僅效果更好，也讓孩子感受到被理解而非被操控。

當孩子習慣我們能「接得住」他的情緒，也能「說得動聽」，親子之間就會自然建立出一種良性的對話節奏。他會知道，不管今天過得好不好，家裡都是一個可以說話的地方。他不需要先表現得完美，才能得到關心；也不需要說得合你期待，才能被聽進去。

這樣的對話節奏，就像一場接力賽：孩子遞出一段感受或故事，我們接住、陪跑，再把思考或建議輕輕遞回去。他

> 9-5 建立回應的節奏：接得住，說得動聽

再決定要不要接、怎麼接，這個來回過程，就是親子信任感的培養。當然，這並不表示每一次溝通都會順利，但只要節奏是穩定的、語氣是溫和的、態度是誠實的，那麼即使有爭執，關係也不會因此破裂。

有時候，我們太著急讓孩子「聽懂道理」，卻忘了先讓他「聽見被愛」。真正有效的親子溝通，從來不是技巧堆砌出來的，而是從一次次用心的回應中累積出來的信任。當我們懂得適時接住，也願意用孩子能接收的方式說話，對話就不再只是傳達訊息，而是傳遞理解。

孩子會從這樣的互動中學會什麼是「對話不是命令」，什麼是「傾聽不代表認同」，也會學會如何在與他人的關係裡，同樣用這樣的節奏與態度去經營連結。這樣的能力，不只是親子之間的潤滑劑，更是他未來走入社會、面對世界時所仰賴的重要基礎。

最後，如果我們問自己：「我希望孩子在我面前說真話嗎？」那我們就該從每一次回應開始練習。練習在他說出不合期待的話時，依然願意聽下去；在他還語無倫次時，願意等他說完；在他說錯、做錯時，依然能用尊重說話。因為孩子最終記住的，不是我們說了什麼，而是我們在他最需要的時候，有沒有用一句話讓他感受到：「你說的，我聽進去了；你是被接住的。」

第九章　親子互動的藝術：對話、傾聽與回應

第十章
給予自由也給責任：
從依賴走向獨立

◆ 第十章　給予自由也給責任：從依賴走向獨立

10-1 「放手」不是放棄，而是信任的訓練

在教養的漫長路上,「放手」是一個讓許多家長又愛又怕的詞彙。它代表著讓孩子走出保護圈,去摸索、去試誤、去承擔。但同時,它也意味著,我們不再是孩子人生每個選擇的主導者。於是,當孩子想要獨自上學、想為自己的課表做決定,或是主張某些選擇時,家長內心常常出現拉扯:「他真的準備好了嗎?我真的可以不干預嗎?」這些猶豫,不只是擔心孩子,而更是一場信任的考驗——我們是否相信,孩子有一天能夠靠自己站穩腳步。

很多時候,我們不敢放手,並不是因為孩子真的無法承擔,而是我們自己還沒準備好鬆開手。心理學家黛博拉・馬克納馬拉(Deborah MacNamara)曾指出,家長的焦慮往往來自於「對失控的不安」。我們害怕孩子做錯決定、走彎路、承受挫敗,於是下意識地想掌握每一個環節。但在這樣的過度掌控下,孩子不僅無法練習為自己思考,還可能在潛移默化中接受了一種訊息:「你沒有能力自己來,所以我才要幫你決定。」

然而,成長的本質正是從不會到會、從依賴到能夠獨當

10-1 「放手」不是放棄，而是信任的訓練

一面，而這段過程中，錯誤與不完美是無可避免的一部分。一位女孩曾在課堂上分享，她曾因為忘記帶繳費單被老師當眾提醒，回家後媽媽沒有責備，反而對她說：「妳想想看，這件事下次要怎麼避免？」她說那一刻很驚訝，因為原以為媽媽會生氣，但反而給了她空間去整理自己的責任。從那次開始，她開始學會自己檢查書包、自己規劃提醒事項。那不只是一件小事的解決，更是自我管理的開端。

當我們談「放手」，不是指放任不管，也不是放棄原則，而是願意把「指揮權」慢慢還給孩子，並在旁邊保持陪伴的位置。這樣的教養姿態，更像是飛行教練帶著新手駕駛起飛，一開始會緊盯、協助、提供方向，但最終還是要讓學員自己掌握方向盤，哪怕他偶爾偏航或晃動。放手的本質，不是抽離，而是信任。信任他在學習過程中會修正、會成長、會記取教訓。

家長若總是在孩子的每個行動前就先設好路線，反而會讓孩子失去對生活的主導感。像是常見的情況——家長早就幫孩子選好補習班、報名競賽、安排寒暑假課程，孩子則變成配合者、執行者，習慣等候指示，而不是主動規劃。這樣的模式在孩子小時候可能看起來「有效率」，但一旦進入需要自主決策的青春期，反而會出現嚴重的適應斷層。許多國中、高中孩子面對自主學習時迷惘、拖延、焦慮，很大一

第十章　給予自由也給責任：從依賴走向獨立

部分其實是過去缺乏自己嘗試、犯錯與修正的機會。

放手需要訓練，不是一次就能做到的事。建議家長可以從低風險的日常開始練習：讓孩子自己選擇衣服、安排課後活動、處理零用錢、整理生活用品……這些看似不起眼的小事，實際上都是孩子練習負責、培養判斷力的起點。當孩子知道「我可以自己決定，並為結果負責」，他不只是在學會處理生活，更是在累積對自我能力的信心。

同時，也要讓孩子知道：「我在這裡，不會立刻介入，但你需要我時，我會出現。」這種心理上的「安全後援」是孩子敢於承擔的關鍵。就像一位爸爸曾說，他女兒第一次想自己搭公車去上課，他內心千百個擔心，但還是讓女兒出門，並默默在兩站外開車等候。最後女兒順利抵達，他也不打擾，只在回家時輕描淡寫地說：「妳做到了，下次如果想再嘗試別的，我相信妳也可以。」那種被看見、又被尊重的經驗，對孩子來說就是一種信任的灌溉。

但放手也不是一味地「你自己決定就好」。放手的前提，是家長對孩子的狀態有所掌握，並能在適當時機提供引導。例如，若孩子剛進入一個新階段（像是升國中、開始準備會考），可能需要更多提醒與協助，但當他已經開始熟悉節奏、能夠提出自己的看法時，就應該逐步把決策權交還。這種「動態調整」的放手，是最需要智慧與觀察力的。

10-1 「放手」不是放棄,而是信任的訓練

　　有時候,我們也要放過自己。不是每個孩子都能在同一時間展現成熟與責任感,有些孩子就是需要多繞點路、多花點時間。我們可以不斷提醒自己:我的任務,不是讓他永遠走在完美的軌道上,而是當他跌倒時,知道怎麼站起來、怎麼調整。這樣的成長歷程,才是真正屬於孩子自己的路。

　　最後,我們不妨問問自己一個問題:「我希望孩子長大後是能自己思考、能自己做選擇的人嗎?」如果答案是肯定的,那就必須從現在開始,學會在適當時刻鬆手,把決定的空間還給他。因為唯有在你願意放手的地方,孩子才有機會長出選擇的力量;而那份力量,會成為他一生受用的內在支柱。

第十章　給予自由也給責任：從依賴走向獨立

10-2　從小事開始：讓孩子練習選擇與承擔

當我們談到讓孩子學會獨立，許多家長腦海中浮現的可能是：自己讀書、自己找資源、未來自己申請學校、決定人生方向。但是其實，在孩子還沒準備好處理大事之前，他必須先從日常的小選擇開始練習。因為做選擇這件事，不只是挑一個答案而已，更包含了對自己需要的辨識、對後果的預測、以及對失敗的承擔能力。而這一切，都無法單靠聽道理學會，必須從真實的生活中慢慢磨練。

許多家長會發現一個有趣的現象：當孩子小的時候，他們會主動表達「我要穿這件」、「我想吃那個」、「我不要現在洗澡」；但長大之後，反而變得被動，什麼都說「隨便」、「都可以」、「你決定就好」。這並不代表他真的沒有想法，而是他已經習慣了不被詢問、或詢問了也沒有用的模式。每當大人幫他們決定好該吃什麼、該做什麼、該怎麼做，他們也就慢慢失去了「我有決定權」的經驗感。久而久之，孩子連選擇衣服、安排時間、應對突發狀況都變得遲疑或依賴。

其實，選擇與承擔這兩件事，從來都不需要等到孩子長大才開始練習。反而是從他開始能理解「行動會有結果」的那

10-2　從小事開始：讓孩子練習選擇與承擔

一刻起,就可以循序漸進地引導。像是一位家長分享,他從孩子小學開始就固定每週給一次零用錢,讓孩子自己安排是否要買想要的文具或存起來買大件物品。起初孩子常因衝動花光,後來幾次想買書卻發現錢不夠,才開始學會規劃與等待。家長說:「我沒有阻止他花,也沒有責備他沒錢,只是陪他一起記帳、討論怎麼分配。慢慢的,他自己知道怎麼取捨了。」

這樣的日常練習,遠比一場道理長談來得有用。因為孩子真正學到的不是「花錢要節制」這個結論,而是「我做了一個決定,接下來我要面對它」這個過程。這樣的經驗累積越多,孩子就越有信心處理越來越複雜的選擇,也就越能在壓力或誘惑面前站穩立場。

當然,讓孩子做選擇,不代表什麼都不管,也不等於事事都放手。家長的角色,是提供選擇的空間,但不是讓選項毫無限制。就像在訓練騎腳踏車時,我們會先裝輔助輪、一旁扶著,確保安全無虞,然後才慢慢放開。具體來說,可以從「有限選擇」開始──不是問孩子「你想不想做功課」,而是問「你想先寫數學還是先寫自然」;不是說「今天你要穿什麼」,而是提供兩件衣服讓他挑選。這種結構中的彈性,能讓孩子感受到自主,又不至於陷入選擇焦慮。

有時,家長會擔心:「他現在這樣決定萬一出錯怎麼辦?」但正是因為現在是小事,所以才更適合練習。與其等

第十章　給予自由也給責任：從依賴走向獨立

到未來他需要為升學或人生方向做重大決定時才發現「我從來沒有真正做過選擇」，不如在小事中讓他多走幾次彎路。像是晚點做功課而導致睡太晚、選錯社團而中途退出、沒帶傘而全身濕——這些生活中微小的錯誤與不便，都是很好的學習機會。重點不是避免犯錯，而是讓孩子學會面對錯誤並思考下次怎麼做得更好。

有位老師分享，一位學生曾經因為不想參加分組報告而擅自缺席，結果被分組同學當場點名，讓他非常難堪。老師沒有馬上責備，而是在事後問他：「你怎麼看今天的狀況？」學生說：「我沒想到他們會那麼不高興，我以為我不去也沒關係。」老師接著問：「那你覺得下次要怎麼做會比較好？」這樣的對話不只讓孩子面對行為後果，也引導他從中思考選擇的影響力。比起一句「你不應該缺席」，這樣的經驗更能讓孩子真正學會承擔。

家長在引導過程中，也可以多採用「反思性提問」的方式，幫助孩子在做完選擇後回顧過程。例如：「你覺得這次安排得順利嗎？」、「下次還會這樣安排嗎？有什麼要調整的地方？」這些提問不是為了審問，而是協助孩子內化一種習慣——每個選擇都值得思考與修正。久而久之，孩子就會把這種思考模式帶到更多生活層面，成為他面對未來決策時的重要基礎。

10-2 從小事開始：讓孩子練習選擇與承擔

當然，在孩子做出選擇後，我們也要有意識地避免「事後嘲諷」的語氣。像是「我早就說了你這樣會來不及」、「看吧，你就是不聽我的」這類說法，雖然是出於提醒，但很容易讓孩子在面對錯誤時感到羞辱與挫折。與其如此，不如把重點放在未來：「這次經驗你學到了什麼？」、「有沒有想嘗試別的方法？」讓孩子知道，錯誤不是用來被懲罰的，而是用來學習與成長的。

有時候，孩子的選擇可能真的不是我們心目中理想的選項。像是選了一門看起來「沒什麼幫助」的課程、拒絕參加補習班、選擇冷門社團⋯⋯在這些情況下，除非涉及安全或重大後果，否則我們可以把這些選擇視為孩子探索自我、建立價值觀的機會。畢竟，比起選一個完美的選項，更重要的是學會思考與評估。當孩子知道自己有能力做決定、願意承擔結果、懂得調整方向，他就不需要依賴他人才能前進。

放手的第一步，從來不是大刀闊斧的放任，而是從日常小事中一點一滴地培養選擇感與責任感。這種訓練，也是一種穩定而有界線的信任練習。我們陪著他看懂每一個決定的來龍去脈，也在一次次的嘗試中幫助他長出判斷與修正的能力。而這樣的能力，才是真正屬於孩子自己的人生工具箱。

第十章 給予自由也給責任：從依賴走向獨立

10-3 獨立不是自理，而是做決定的能力

在教養現場，當我們談論「獨立」，常常不自覺地把它等同於「自理」——會自己起床、整理書包、準時交作業、打理生活起居……這些確實是孩子邁向成熟的表現，但如果我們只停留在「生活自理能力」的標準上，往往會忽略了更關鍵的一層——孩子是否具備「做決定」的能力，是否知道怎麼從選項中辨別、思考、權衡、然後對結果負責。

有些孩子表面上看起來獨立，生活有條不紊，學業表現也穩定，卻在面對選擇時顯得無所適從。比方說，他知道每天什麼時間該做什麼事，但當你問他：「你覺得該不該參加這個活動？」、「你認為這件事該怎麼處理？」他卻無法提出自己的判斷，只能等待大人給答案。這樣的狀況提醒我們：真正的獨立，不只是把事情做完，而是知道為什麼要這樣做，並願意承擔這個決定所帶來的後果。

做決定的能力，並不等於聰明，而是一種結合認知、情緒與價值的綜合判斷力。這種能力無法速成，它需要時間、空間與實踐，更需要大人的引導與放手。很多家長之所以難以讓孩子練習決定，是因為內心還有一份焦慮：「萬一他的

10-3 獨立不是自理,而是做決定的能力

決定錯了怎麼辦?」於是我們習慣預先排除風險、替他設好路線,甚至幫他做完選擇。結果卻是,孩子雖然走在我們規劃的路上,卻從未真正練習過選擇與承擔,當他脫離這條軌道時,反而不知所措。

在一場針對高中生的職涯探索營中,有一位看起來內向安靜的學生,總是把每個任務完成得井然有序。可是到了要選擇專題方向時,他卻遲遲無法下決定。輔導老師發現,他不是真的沒興趣,而是太習慣「照做」而不是「決定」,每當被問「你想要什麼」時,他的第一反應不是思考,而是「老師覺得我適合什麼」,這樣的依賴,不是來自能力不足,而是因為從小缺乏做選擇的經驗。他的獨立,只存在於指令清楚的情境,一旦進入模糊地帶,就變得不知所措。

這個案例提醒我們,讓孩子學會做決定,不能只靠嘴巴教,也不能等到他長大才開始練習。我們需要從孩子年紀還小的時候,就刻意創造出一些「模糊選項」—— 讓他練習在沒有標準答案的情況下思考。例如:今天放學後想先做功課還是先放鬆?這週末想參加活動還是在家休息?下次遇到衝突時你會選擇直接說還是先冷靜一下?這些問題都沒有絕對的對錯,重點不是他答得完美,而是他開始建立「我可以根據情境做出選擇」的信念。

在這樣的練習中,家長的角色不再是「評判者」,而是

第十章　給予自由也給責任：從依賴走向獨立

「陪伴者」與「反思引導者」。當孩子做出一個選擇後，我們不急著評價，而是問：「你為什麼這樣想？」、「做完後有什麼發現？」、「如果再來一次會有不同想法嗎？」這些提問幫助他釐清背後的動機，也強化未來修正的能力。重點不是做對，而是從中學習。

一位國小老師曾分享，有個學生選擇在科展中做一個難度偏高的主題，起初遭到許多質疑，甚至連同學也勸他「不要自找麻煩」。但老師尊重他的選擇，提供適度協助並引導他整理時間與資源分配。過程中他經歷了多次失敗與重來，但從未放棄。最終雖未獲獎，卻在發表時展現出極強的邏輯力與表達力，讓評審印象深刻。事後這位學生說：「我以前總是照老師安排，但這次是我自己選的，雖然難，但我覺得我做到了。」這句話比任何成績都更有價值，因為他從中建立起選擇與承擔的連結，也真正體會了獨立的意義。

家長也可以在家庭日常中，加入更多討論型對話。例如晚餐時間，不只是問「今天在學校好不好」，而是問「如果你是老師，會怎麼處理那件事？」、「你覺得同學這樣做對不對？為什麼？」這些問題不一定要有結論，而是為孩子打開「我可以有自己的觀點」的開關。久而久之，他會從被動聽指令的角色，轉變為能主動思考的參與者。

另外一個常見的迷思是：「孩子要會自理，才能談獨

10-3 獨立不是自理，而是做決定的能力

立。」但其實很多生活自理的事務，只要時間夠了、流程熟了，孩子自然會操作；反倒是做選擇的能力，沒有人主動教他，他可能一輩子都學不會。比方說，他可以自己整理行李、搭車、用 APP 訂餐，但當面臨感情問題、生涯選擇、價值衝突時，若從未思考過「我真正在乎什麼」、「我能不能為這個決定負責」，那這份獨立就是空心的。真正的成熟，是能夠站在自己立場上，為自己的決定說話，無論結果好壞。

而要讓孩子擁有這樣的能力，家長必須先接受一件事：他做的決定，未必總會符合我們的期待。也許他選了一條比較繞的路，也許他暫時沒那麼成功，也許他會因為衝動吃些虧。但只要這些選擇是他自己想過、嘗試過、學會調整的，那麼這些經驗就值得。而我們的角色，就是在旁邊穩穩地陪著他，讓他知道：你可以嘗試、可以修正，也可以慢慢學會怎麼決定你要怎麼走。

我們不可能替孩子規劃一條完全無風險的路，但我們可以從現在開始，讓他在可控範圍內多做一點選擇、多累積一些承擔。因為，當一個孩子開始相信「我有能力做出選擇，也能面對後果」，那麼他就已經踏上了真正獨立的起點。而我們，也正在用這樣的教養方式，把孩子交還給他自己。

第十章　給予自由也給責任：從依賴走向獨立

10-4　陪他一起長出界線與選擇感

談教養時，我們常說要幫孩子「建立界線」。但所謂的界線，不該只是我們設定的規則與禁止，更重要的，是幫助孩子內化一套屬於自己的界線感——知道什麼是可以、什麼是該避免、什麼時候該堅持立場、什麼時候該尊重他人。這樣的界線，並不是靠命令與控制建立的，而是在一次次的互動與對話中，慢慢「長出來」的。就像學走路一樣，我們可以拉他一把，但終究得讓他自己站穩、自己走。

在孩子的成長歷程中，真正能夠支撐他作為獨立個體的，是內在的自我界線（personal boundaries）與選擇感（sense of choice）。這兩者的結合，能讓他在面對各種誘因與壓力時，知道什麼該拒絕、什麼可以說「我再想一想」、什麼是符合自己價值的決定。若只是一味照著家長的規則行事，表面上雖然乖巧，但一旦離開大人的控制，他很可能在沒有邊界的自由中迷失方向。

一位學生曾提到，某次朋友慫恿他在課堂上偷偷玩手機，他猶豫了一下，最後還是做了。事後他說：「我其實知道不應該，但我不知道要怎麼說不。」這句話說出了許多孩

10-4 陪他一起長出界線與選擇感

子的困境:他不是沒有判斷,而是缺乏清楚的界線與行動的語言。我們不能只責備他的「錯」,而是應該回過頭問:在過去的教養中,我們有沒有幫他練習過「如何拒絕」?有沒有陪他思考過什麼是他自己的界線?還是總是在他做錯之後才補上一句「我不是早就說過了嗎?」

建立界線,不等於事事禁止。真正有效的界線教育,是讓孩子理解「每個選擇都有代價」,並且給予他練習選擇與面對後果的空間。比方說,如果孩子說:「我不想現在寫功課,我想先玩一下。」我們與其一口回絕,不如說:「那你想怎麼安排時間?寫功課的時間放在哪裡?你覺得這樣安排合理嗎?」這樣的對話,不只是談規則,而是在訓練他如何評估選擇,如何為自己的節奏負責。

這種界線與選擇的訓練,並不需要等到青春期才開始。事實上,越早讓孩子在日常中練習決定與自我管理,他日後面對誘惑與壓力的抵抗力就越強。例如:讓年幼的孩子自己選今天要穿哪件衣服、先吃完哪個菜色,這些看似微小的決策,其實就是在強化他的「選擇感」。再進一步,可以與孩子討論:「為什麼你今天想選這個?你有想過可能的後果嗎?」不是要他答得完美,而是讓他熟悉這樣的思考模式。

在這個過程中,大人的角色很關鍵。我們不是退到一邊放任孩子自己亂選,也不是一手包辦所有選擇,而是在過程

第十章　給予自由也給責任：從依賴走向獨立

中扮演引導者與討論者。例如，在面對使用手機的界線時，與其直接限制時間，不如與孩子一起訂出使用時間與場合的約定，再由他自己記錄、評估使用狀況。若有偏離，與他討論：「是規劃不夠合理？還是你這週遇到特別多干擾？」這樣的處理方式不僅更尊重孩子，也讓他逐漸學會設定與調整自己的行為準則。

更進一步地，我們也可以幫助孩子了解「身體界線」、「情緒界線」與「心理界線」這些不那麼明顯卻至關重要的能力。例如：當有人開玩笑超過分，他有沒有勇氣說「我不喜歡這樣的話」？當別人問他不想回答的問題，他知道可以婉拒而非勉強迎合嗎？當他感到被侵犯或不舒服時，他是否能夠辨認這種情緒，而不是吞忍下來？這些能力，不會憑空長出來，而是透過家長日常中的尊重、提醒與共同建構逐步累積的。

舉例來說，有一位媽媽分享，她小學三年級的女兒有天回家後情緒低落，問了很久才說，是因為在學校同學強迫她分享點心，她不敢拒絕，只能假裝不想吃。這位媽媽沒有直接責怪孩子「為什麼不說不要」，而是帶著她演練幾種可以使用的說法，例如「我想留給晚點吃」或「今天我想自己吃完」。並且鼓勵她：「如果妳說出自己的想法，媽媽會支持妳。」幾週後，孩子真的成功表達了自己的界線，回家時很

10-4 陪他一起長出界線與選擇感

興奮地說:「我今天有說我不想分,結果對方也沒生氣耶!」這樣的經驗,讓孩子不只是學會了一句話,更是在內在建構出一份自我價值感。

而所謂的選擇感,也不只是做決定的能力,更是一種相信自己「有選擇」的感受。當孩子在家庭中被允許表達、被鼓勵思考、被尊重選擇,即使是在受限的環境裡,他也能感受到某種心理自主性(psychological autonomy)。這份感受會成為他面對未來挑戰時的內在支撐,讓他在壓力下不容易被操控,也較不容易陷入從眾或過度討好。

有時候,我們擔心讓孩子有太多選擇會導致混亂。但是其實,關鍵不是選擇的多寡,而是「選擇的歷程是否有被陪伴與討論」。即使是一個二選一的題目:「今天你想自己訂晚餐,還是我們一起選?」只要我們願意參與這個過程,孩子就在其中感受到:「我的想法是有分量的,我的選擇是有人聽的。」這樣的經驗,才是真正幫助他長出內在界線的土壤。

最終,我們希望孩子不只是知道什麼可以、什麼不可以,而是能在內心建立一個屬於自己的羅盤。在外在監督逐漸減少的未來,他能依靠這個羅盤前行,即使犯錯,也懂得回頭檢查方向。而我們,則是那個曾經陪他一起校準羅盤的人,不是為他決定,而是陪他學會如何決定。

第十章　給予自由也給責任：從依賴走向獨立

10-5　當家長放慢腳步，孩子才能往前走

有一種陪伴，不是更努力去做，而是選擇不再搶先一步；不是再給一點提醒，而是學會安靜等待。這種陪伴的方式，聽來簡單，做起來卻最困難。因為它不是主動的給，而是克制的退；不是出手幫忙，而是選擇信任。這就是放慢腳步的意義——在孩子準備起步時，我們不是一直在前面拉，而是在後面守住他還不夠穩時的搖晃。

許多家長在教養的過程中，都經歷過一種焦慮：孩子進度好像跟不上別人、作業總是拖到最後一刻、做決定總是猶豫不決。這種焦慮讓我們忍不住想介入、想指導、想加速。但很多時候，我們越快，孩子就越慢；我們越急，孩子就越被動。因為在我們「包辦」與「預測」的過程中，孩子失去了自己探索與犯錯的空間，也就少了往前的主動性。

一位學生曾說過這樣的話：「我媽連我旅行的行李都會幫我準備好，我什麼都不需要擔心。」表面上看來，這樣的安排讓孩子「什麼都不缺」，但實際上，他也「什麼都沒學」。不是因為不聰明，而是因為他沒有被放在一個需要思考與選擇的位置上。他從來沒有機會感受到：「我可以自己

10-5　當家長放慢腳步，孩子才能往前走

決定，也可以自己負責。」

相反地，也有家長選擇退一步，把更多空間留給孩子。有位媽媽分享，她發現兒子進入高年級後，每天寫功課的效率變差、情緒也變得易怒。她起初很緊張，不斷提醒與設限，但效果不佳，親子關係也變得緊張。後來她決定試著放慢，晚餐後只輕輕問一句：「今天需要我幫忙安排一下進度嗎？還是你想自己來？」一開始孩子還是有些拖延，但當他發現媽媽不再緊迫盯人，也沒有冷嘲熱諷，反而開始慢慢嘗試自己排程。幾個月後，雖然仍偶有混亂，但整體自主性明顯提升。這位媽媽說：「我以前都以為是他需要我多做點什麼，後來才發現，他其實只是需要我少做一點，讓他可以開始。」

這樣的「放慢」，並不是不管孩子，而是一種重新定義陪伴角色的過程。從「主導者」變成「支持者」，從「監控者」變成「見證者」，我們不再搶先一步，而是等孩子自己踏出那一步 —— 就算跌倒，也不急著批評，而是願意在他需要時伸手。

我們也要理解，「慢」並不等於落後，而是給予思考與沉澱的空間。每個孩子的成熟速度不同，有的孩子決定很快但容易後悔，有的孩子行動慢但思慮周全。當我們總是催促他加快腳步，可能讓他錯過了原本能夠深思與自我確認的過

第十章　給予自由也給責任：從依賴走向獨立

程。這樣的錯過，久而久之會變成一種內在的不安：我是不是不夠快？是不是做什麼都太慢？最後變成拖延、逃避與自我否定。

教養裡最重要的，從來不只是「做對什麼」，而是我們是否願意信任孩子的發展曲線。這個信任不是盲目期待，也不是一廂情願的放任，而是一種「願意等」的選擇。等孩子把話說完、等孩子思考一下再回應、等孩子用自己的節奏處理問題。在這個過程中，我們要做的不是不見不管，而是學會「不急著插話、不急著判斷、不急著解釋」──而是保持陪伴的姿態，讓孩子知道：「你可以先試試看，我在這裡。」

這樣的「放慢」，也是對自己的溫柔。因為許多家長的焦慮，來自於對未來的不確定、對社會競爭的擔憂。我們怕孩子錯過了什麼、怕他輸在起跑點、怕自己沒教好他。但真正在教養中該記得的，是每一個孩子的終點都不一樣，而我們不過是陪他走一段、點一盞燈的人。不是指路的人，而是照亮的人；不是替他走，而是讓他走。

當孩子越來越能自己決定、自己反省、自己調整，那份獨立不再是「會不會摺衣服、會不會洗碗」的表面技能，而是從內而外的一種自我管理與價值判斷能力。而這種能力，往往是在我們「放慢」腳步之後，才真正有空間長出來的。因為唯有在沒有壓迫的環境裡，孩子才有機會練習為自己的

10-5 當家長放慢腳步，孩子才能往前走

選擇負責、為自己的行為做決定。

放慢腳步，不是因為我們不再重要，而是因為孩子準備好了可以向前。我們的角色，從前方的引路人，慢慢轉成後方的守護者。也許有一天，他會走得比我們快、走得比我們遠，但那正是我們最該感到安心的時刻。因為他不是在逃開我們，而是在我們給予的自由與信任中，長出了屬於他自己的方向感。

教養到最後，拚的不是誰要求得多、誰規劃得細，而是誰更願意信任孩子擁有自己的節奏與潛能。而當我們選擇放慢的那一刻，其實不是退讓，而是最高形式的支持 —— 一種沉穩而堅定的愛，讓孩子在不被推擠的空間裡，真正學會走路、學會選擇，也學會為自己的未來踏實前行。

國家圖書館出版品預行編目資料

停止打分數！孩子的人生不是家長的考卷：激發內在動機、避免懲罰陷阱、養成自我認知⋯⋯別再陷入教育誤區，放下對孩子表現的執念，找回身為家長的意義 / 鄭若晴 著. -- 第一版. -- 臺北市：樂律文化事業有限公司, 2025.05
面；　公分
POD 版
ISBN 978-626-7699-34-8(平裝)
1.CST: 親職教育 2.CST: 子女教育 3.CST: 親子關係
528.2　　　　　　114006157

停止打分數！孩子的人生不是家長的考卷：激發內在動機、避免懲罰陷阱、養成自我認知⋯⋯別再陷入教育誤區，放下對孩子表現的執念，找回身為家長的意義

作　　者：鄭若晴
發 行 人：黃振庭
出 版 者：樂律文化事業有限公司
發 行 者：崧博出版事業有限公司
E - m a i l：sonbookservice@gmail.com
粉 絲 頁：https://www.facebook.com/sonbookss/
網　　址：https://sonbook.net/
地　　址：台北市中正區重慶南路一段 61 號 8 樓
8F., No.61, Sec. 1, Chongqing S. Rd., Zhongzheng Dist., Taipei City 100, Taiwan
電　　話：(02) 2370-3310　傳　　真：(02) 2388-1990
印　　刷：京峯數位服務有限公司
律師顧問：廣華律師事務所 張珮琦律師

-版權聲明-

本書作者使用 AI 協作，若有其他相關權利及授權需求請與本公司聯繫。
未經書面許可，不可複製、發行。

定　　價：299 元
發行日期：2025 年 05 月第一版
◎本書以 POD 印製